200
recetas para ensaladas

200
recetas para ensaladas

BLUME

Alice Storey

BLUME

Título original:
200 Super Salads

Traducción:
Clara Melús García

Revisión técnica de la edición en lengua española:
Eneida García Odriozola
Cocinera profesional
(Centro de formación de cocineros y pasteleros de Barcelona Bell Art).
Especialista en temas culinarios

Coordinación de la edición en lengua española:
Cristina Rodríguez Fischer

Primera edición en lengua española 2010
Reimpresión 2011 (2)

© 2010 Naturart, S.A. Editado por BLUME
Av. Mare de Déu de Lorda, 20
08034 Barcelona
Tel. 93 205 40 00 Fax 93 205 14 41
e-mail: info@blume.net
© 2009 Octopus Publishing Group, Londres

I.S.B.N.: 978-84-8076-902-0
Depósito legal: B. 28096-2011
Impreso en Tallers Gràfics Soler, S.A.,
Esplugues de Llobregat (Barcelona)

WWW.BLUME.NET

En las recetas que se presentan en este libro se utilizan medidas
de cuchara estándar. Una cucharada sopera equivale a 15 ml;
una cucharada de café equivale a 5 ml.

El horno debería precalentarse a la temperatura requerida;
siga siempre las instrucciones que marca su horno.

Las variedades de queso que se utilizan en estas recetas no siempre son
estrictamente vegetarianas; no obstante, existen disponibles variantes
de queso vegetarianas. Compruebe siempre la etiqueta para saber lo que compra.

Las autoridades sanitarias aconsejan no consumir huevos crudos. Este libro
incluye algunas recetas en las que se utilizan huevos crudos o poco cocinados.
Resulta recomendable y prudente que las personas vulnerables, tales como
mujeres embarazadas, madres en periodo de lactancia, minusválidos, ancianos,
bebés y niños en edad preescolar eviten el consumo de los platos preparados
con huevos crudos o poco cocinados. Una vez preparados, estos platos
deben mantenerse refrigerados y consumirse rápidamente.

Este libro incluye recetas preparadas con frutos secos y derivados de los
mismos. Es aconsejable que las personas que son propensas a sufrir
reacciones alérgicas por el consumo de los frutos secos y sus derivados,
o bien las personas más vulnerables (como las que se indican en el párrafo
anterior), eviten los platos preparados con estos productos. Compruebe
también las etiquetas de los productos que adquiera para preparar los alimentos.

Este libro se ha impreso sobre papel manufacturado con materia prima procedente
de bosques de gestión responsable. En la producción de nuestros libros
procuramos, con el máximo empeño, cumplir con los requisitos medioambientales
que promueven la conservación y el uso sostenible de los bosques, en especial
de los bosques primarios. Asimismo, en nuestra preocupación por el planeta,
intentamos emplear al máximo materiales reciclados, y solicitamos a nuestros
proveedores que usen materiales de manufactura cuya fabricación esté libre
de cloro elemental (ECF) o de metales pesados, entre otros.

contenido

introducción

introducción

Una ensalada puede ser una simple guarnición
servida para acompañar a un plato principal de
carne o pescado, o puede ser un plato propiamente
dicho, ya sea una comida ligera o una cena rápida,
o bien un impresionante plato principal para una
celebración entre amigos.

Las ensaladas se preparan combinando ingredientes
que sólo se ven limitados por nuestra imaginación.
La variedad y multiplicidad de ensaladas que
pueden prepararse son tan diversas como las
culturas de las que proceden, ya sea una suculenta
ensalada de patata con mayonesa o una ensalada
japonesa de fideos con ternera. Para todas las
ensaladas es mejor utilizar productos de temporada
y, por eso, las recetas deben ajustarse, en función
de la época del año, a los ingredientes que tienen
mejor aspecto y a los que pueden encontrar
en las tiendas o en su huerto.

tipos de lechugas

Existe tal variedad de ingredientes procedentes
de países de todo el mundo que es posible
experimentar con combinaciones distintas
y utilizar ingredientes poco comunes y fascinantes.
Incluso en el supermercado más pequeño hay
una extraordinaria gama de lechugas y mezclas
de brotes para ensalada, desde las habituales
lechugas iceberg y romana hasta mezclas de
brotes tiernos de espinacas, remolacha, brotes
tiernos y hierbas, achicoria, endibias, roqueta
y berros o canónigos; si busca en comercios

más especializados puede encontrar hojas de diente
de león, tatsoi, acedera y muchas variedades más.
Incluso las flores comestibles, como las capuchinas
y las caléndulas, constituyen un bonito detalle
en las ensaladas. Además, incluso en el jardín
más pequeño puede plantar fácilmente numerosos
de brotes para ensalada que pueden cortarse y
vuelven a salir enseguida; puede comprar semillas
de coles y lechugas poco comunes de cultivo rápido.

aliños

No sólo los ingredientes de una ensalada pueden
adaptarse en función de lo que tiene a su disposición,
sino que la variedad de aliños utilizados para
acompañarlas son casi infinitos. En general,
el aliño de una ensalada no sólo permite que
ésta no esté tan seca, sino que también le da
sabor y hace que esté más buena. Probablemente,
el aliño más sencillo para una ensalada es una

vinagreta, que, en su variedad más básica, es una combinación de una parte ácida y tres de aceite. Los ingredientes pueden ser emulsionados hasta conseguir una pasta ligera o simplemente agitarse para combinarlos de un modo sencillo, lo cual tiene como resultado una vinagreta no homogénea. Una emulsión es la combinación de dos ingredientes que no pueden mezclarse, y dicha unión se estabiliza añadiendo yema de huevo, que contiene lecitina, o una de las múltiples variedades de mostaza que están disponibles en numerosos comercios.

En la página 13 se incluye una receta básica de vinagreta, pero como existen tantos vinagres deliciosos puede adaptarla para que se adecue a los ingredientes de su ensalada y a sus preferencias. Descubra los vinagres de Cabernet Sauvignon, de Chardonnay, balsámico, de vino de arroz, de sidra, negro/rojo chino y de jerez, así como vinagres aromatizados con hierbas y frutas distintas.

Utilizar un aceite y un vinagre de la mejor calidad es importantísimo a la hora de conseguir que una buena ensalada se transforme en un plato estupendo; por ello, cuando eche un poco de aceite de oliva sobre la ensalada, especialmente en aquellas que contengan tomate, utilice el mejor aceite de oliva virgen extra que pueda encontrar. Sin embargo, a la hora de preparar una vinagreta puede ser preferible utilizar un aceite de oliva más ligero y con menos sabor, porque el fuerte sabor del aceite de oliva virgen

extra puede tapar el resto de ingredientes menos fuertes. Una vinagreta puede conservarse durante unos días en la nevera, pero recuerde que deberá agitarla enérgicamente antes de utilizarla para que el aceite y el vinagre vuelvan a mezclarse.

Es posible dar sabor a vinagres bastante neutros, como el vinagre de vino blanco, añadiéndole hierbas y especias como el estragón (*véase* pág. 14), los chiles y el romero. Muchas recetas de vinagretas incluyen frutas y vegetales, como aceitunas (*véase* pág. 13), naranja, lima, limón, granada, tomates y clementinas. Los zumos de frutas constituyen un complemento maravilloso para el vinagre, siempre que el dulzor de la fruta acompañe bien a los ingredientes de la ensalada. La acidez de los zumos de frutas y del vinagre puede servir para que la cebolla cruda que a menudo se incluye en las ensaladas sea más fácil de digerir. Si añade cebolla cruda al aliño quince minutos antes de servirlo sobre la ensalada, la cebolla perderá parte de su fuerza, pero nada de su sabor.

Aunque las vinagretas suelen ser rápidas de preparar y ligeras y saludables, existen muchos otros aliños fabulosos para las ensaladas, lo que incluye otros menos ligeros que contienen quesos cremosos y mayonesa. Como la vinagreta, la mayonesa es una emulsión, pero contiene yemas de huevo, además de aceite y vinagre, y, si se quiere, algún tipo de mostaza. En la página 12 se incluye una receta básica. La mayonesa es una gran base a la que puede dar sabor con todo tipo de ingredientes, entre ellos mostaza a la antigua, alcaparras, limón, anchoas, rábanos picantes, ajo (cuando se convierte en alioli, *véase* pág. 12), hierbas y queso. Los aliños con base de mayonesa combinan especialmente bien con los mariscos, pero pueden adaptarse a casi cualquier ensalada, y muchos de los aliños utilizados con las ensaladas de patata tienen base de mayonesa, entre ellos algunas de las mejores versiones que pueden comprarse ya preparadas, como la salsa mil islas o la salsa ranchera.

Entre otros aliños cremosos populares están los que contienen queso azul (*véase* pág. 14), pero puede adaptar la receta para incluir otros quesos blandos, como el queso de cabra, en función de los ingredientes de la ensalada. Los aliños cremosos son el acompañamiento perfecto para combinaciones clásicas como manzanas y peras, en las que las

frutas destacan gracias a lo suculento del aliño y se convierten en un agradable contrapeso.

Otra forma de añadir sabores interesantes a los aliños consiste en utilizar uno de los aceites de distintos sabores que pueden encontrarse en los comercios, como, por ejemplo, de nueces, avellanas, chile, ajo, limón y hierbas. También es muy sencillo preparar sus propios aceites con sabores (*véase* pág. 15).

cereales, pasta y legumbres

Los cereales y las legumbres son muy útiles en las ensaladas, ya que las transforman en ricas comidas que llenan a todo el mundo. Algunas de las legumbres y los cereales más interesantes que puede probar son el trigo sarraceno, el arroz salvaje, las judías blancas o pintas, los garbanzos, el cuscús o la quinoa. Las legumbres enlatadas son especialmente útiles, ya que no es necesario ponerlas en remojo durante mucho tiempo ni tardan tanto en ser cocinadas como las variedades secas.

La pasta y los fideos asiáticos también van muy bien para cambiar la textura de las ensaladas, y además llenan más a los comensales. Existe una gran variedad entre la que puede escoger, y puede potenciar sus ensaladas con pastas italianas, como lazos, orzo o macarrones, o con fideos asiáticos, como los fideos de cabello de ángel, de huevo, de trigo sarraceno extra finos y de celofán. Las ensaladas de pasta y de fideos asiáticos son deliciosas tanto frías como calientes, y constituyen comidas saludables y riquísimas. Si desea que sean más crujientes, puede añadirles picatostes. Actualmente éstos pueden encontrarse ya preparados, aunque son rápidos y fáciles de preparar (*véase* pág. 44). Puede utilizar el tipo de pan que quiera y aromatizarlo con hierbas, aceites distintos, ajo y queso. Varíe el tamaño de los picatostes en función de sus preferencias y del resto de los ingredientes de la ensalada.

frutas

Las ensaladas de frutas son, por supuesto, unos de los postres más populares y sencillos de preparar, pero las frutas pueden utilizarse también en sabrosas ensaladas, y proporcionan un contraste agradable, y a menudo inesperado, al resto de sabores y texturas. Las peras y el queso parmesano constituyen una combinación clásica, mientras que otras frutas son acompañamientos ideales para carnes y quesos.

Una ensalada de frutas frescas suele poner un punto final refrescante y perfecto a cualquier comida, especialmente si los platos anteriores han sido fuertes y copiosos. Además, puede hacer que sean más especiales gracias a la combinación de frutas exóticas y sabores poco comunes, como pimienta negra, albahaca, estragón, agua de rosas y vinagre balsámico. Dele más sabor a ensaladas de frutas sencillas añadiéndoles frutos secos, queso mascarpone, nata agria, yogur, nata montada, helado, nata líquida, galletas de jengibre, chocolate, galletas de Amaretti o incluso bebidas alcohólicas.

Las ensaladas ya no tienen por qué ser consideradas sólo como la opción «saludable» a la hora de planificar una comida. Las siguientes recetas proponen algunas combinaciones interesantes de ingredientes, texturas y sabores que le abrirán el apetito y a la vez le demostrarán que una ensalada puede ser una opción habitual en su menú diario.

recetas básicas

mayonesa

6-8 raciones

tiempo de preparación **10 minutos**

2 **yemas de huevo**
2 cucharaditas de **mostaza de Dijon**
1-2 cucharadas de **vinagre de vino blanco**
250 ml de **aceite de oliva**
sal y **pimienta**

Ponga las yemas de huevo, la mostaza, 1 cucharada
de vinagre y un poco de sal y pimienta en un cuenco
grande y remuévalo un poco con unas varillas
hasta que los ingredientes empiecen a mezclarse.
Sin dejar de remover, empiece a añadir el aceite
de oliva, unas pocas gotas cada vez, hasta que la
salsa empiece a espesar. Agregue el aceite restante
poco a poco y de forma constante hasta que la
mayonesa quede espesa y brillante. No añada
el aceite demasiado deprisa porque la mayonesa
podría empezar a cortarse. Si esto ocurre, añádale
1 cucharada de agua caliente y vuelva a batir
la mezcla. Si la mezcla se corta por completo,
bata otra yema de huevo en otro cuenco y vaya
mezclándola poco a poco con la salsa cortada.
Compruebe si está bien sazonado y añada un
poco más de vinagre si la mayonesa está muy
blanca. La mayonesa puede conservarse en
la nevera tapada durante un máximo de 2 días.

alioli

6-8 raciones

tiempo de preparación **10 minutos**

2 **yemas de huevo**
1 cucharada de **mostaza de Dijon**
1-2 cucharadas de **zumo de limón**
2 **dientes de ajo** machacados
una buena pizca de **pimienta de cayena**
250 ml de **aceite de girasol** o **aceite de oliva**
sal

Ponga las yemas de huevo, la mostaza, 1 cucharada
de zumo de limón, el ajo, la pimienta de cayena
y un poco de aceite en un cuenco grande y mézclelo
todo suavemente. Siga la receta de la mayonesa
(*véase* la receta anterior) a partir del segundo paso.
Tápela y refrigérela hasta que vaya a servirla.

vinagreta

4 raciones
tiempo de preparación **10 minutos**

1 cucharadita de **azúcar blanquilla**
1 pizca de **mostaza**
2 cucharadas de **vinagre de vino**
4-6 cucharadas de **aceite de oliva**
sal y **pimienta**

Bata el azúcar y la mostaza con el vinagre. Añada el aceite, sazónelo al gusto con sal y pimienta y mézclelo bien. Como alternativa, puede verter todos los ingredientes en un tarro con tapón de rosca, taparlo y agitarlo bien.

vinagreta con aceitunas

4 raciones
tiempo de preparación **10 minutos**

1 **diente de ajo**
1-2 **aceitunas negras** sin hueso
2 cucharadas de **vinagre balsámico**
2 cucharadas de **zumo de lima**
1 cucharada de **mostaza de Dijon**

Machaque el ajo y pique finamente las aceitunas. Mézclelos con el vinagre, el zumo de lima y la mostaza. Como alternativa, puede verter todos los ingredientes en un tarro con tapón de rosca, taparlo y agitarlo bien para que se mezclen.

aliño francés bajo en calorías

8 raciones
tiempo de preparación **10 minutos**

½ **cebolla** pequeña
6 cucharadas de **aceite de oliva**
2 cucharadas de **vinagre de vino**
½ cucharadita de **mostaza**
½ cucharada de **azúcar blanquilla**
1 pizca de **cilantro molido**
3 cucharadas de **perejil** picado
sal y **pimienta**

Ralle la cebolla. Mezcle todos los ingredientes hasta conseguir una pasta espesa. Sazone al gusto con sal y pimienta. Como alternativa, puede verter todos los ingredientes, incluida la cebolla rallada, en un tarro con tapón de rosca, taparlo y agitarlo bien.

aliño de queso azul

4 raciones
tiempo de preparación **10 minutos**

1 cucharadita de **azúcar blanquilla**
1 pizca de **mostaza**
2 cucharadas de **vinagre de vino**
4-6 cucharadas de **aceite de oliva**
25 g de **queso azul**, por ejemplo **roquefort**
sal y **pimienta**

Bata el azúcar y la mostaza junto con el vinagre. Añada el aceite y el queso desmenuzado, sazónelo al gusto con sal y pimienta y mézclelo todo bien. Como alternativa, puede verter todos los ingredientes en un tarro con tapón de rosca, taparlo y agitarlo bien.

aliño de estragón y limón

para **50 ml**
tiempo de preparación **5 minutos**

ralladura de 1 **limón**
2 cucharadas de **vinagre de estragón**
(*véase* receta siguiente)
1 cucharada de **estragón** picado
¼ cucharadita de **mostaza de Dijon**
1 pizca de **azúcar blanquilla**
5 cucharadas de **aceite de oliva**
sal y **pimienta**

Ponga la ralladura de limón, el vinagre, el estragón, la mostaza y el azúcar en un cuenco pequeño y sazónelo al gusto con sal y pimienta. Remueva para mezclarlo y después vaya añadiendo el aceite poco a poco. Como alternativa, puede verter todos los ingredientes en un tarro con tapón de rosca, taparlo y agitarlo bien para que se mezclen.

vinagre de estragón

para **500 ml**
tiempo de preparación **5 minutos**

500 ml de **vinagre de vino blanco**
2 ramitas de estragón

Introduzca el vinagre en una botella de cristal transparente y añádale las ramitas de estragón. Ciérrela y déjela reposar durante al menos 2 días. El sabor irá mejorando con el tiempo.

aceite al aroma de albahaca

para **400 ml**
tiempo de preparación **15 minutos**

1 manojo de **albahaca**
400 ml de **aceite de oliva**

Escalde la albahaca en agua hirviendo durante 30 segundos y, a continuación, enfríela en agua fría. Elimine el exceso de agua de la albahaca y píquela toscamente. Ponga la albahaca con el aceite en un robot de cocina o en el vaso de una batidora y bátalo todo hasta conseguir una salsa homogénea. Con la ayuda de un colador, vierta el aceite dentro de una botella limpia y seca y déjelo reposar durante la noche, hasta que los posos se hayan depositado y haya obtenido un aceite de color verde y sabor a albahaca.

aliño de menta y yogur

para **100 ml**
tiempo de preparación **5 minutos**

½ **pepino** pequeño, pelado
1 cucharada de **aceite de oliva**
4 cucharadas de **yogur natural**
2 cucharadas de **menta** picada
sal y **pimienta**

Corte el pepino por la mitad longitudinalmente y retire las semillas con una cucharilla. Píquelo finamente. Mezcle el pepino con el aceite, el yogur y la menta picada y sazónelo al gusto con sal y, si lo desea, pimienta.

salsa de ciruelas

4 raciones
tiempo de preparación **15 minutos**
tiempo de cocción **15-18 minutos**

250 g de **ciruelas**
150 ml de **caldo vegetal**
5 cucharadas de **oporto** (opcional)
1 cucharadita de **pimienta de Jamaica**
2 cucharaditas de **salsa de soja**
1 cucharada de **harina de maíz**

Pele, deshuese y pique toscamente las ciruelas y póngalas en una sartén con el caldo, el oporto (si lo va a utilizar), la pimienta de Jamaica y la salsa de soja. Llévelo todo a ebullición y cocínelo a fuego lento durante 10-15 minutos, hasta que las ciruelas estén blandas. Póngalo en un robot de cocina o en el vaso de una batidora y bátalo hasta conseguir una salsa homogénea. Vuelva a echar la mezcla de ciruelas en la sartén y añádale la harina de maíz con unas 2 cucharadas de agua hasta conseguir una salsa espesa. Consérvela caliente hasta que la necesite.

ensaladas de acompañamiento

ensalada de endibias y lechuga romana

4 raciones
tiempo de preparación
10 minutos

2 **cogollos de endibia**, uno
blanco y otro rojo si es posible,
de unos 175 g en total
3 **cogollos de lechuga
romana tierna**

para el **aliño**
50 g de **queso Gorgonzola**
1 cucharada de **salsa
Worcestershire**
2 cucharadas de **mayonesa**
(*véase* pág. 12)
2 cucharadas de **nata agria**
3 cucharadas de **aceite de oliva**
1 cucharada de **vinagre de vino
blanco**
2 cucharadas de **zumo de limón**
sal y **pimienta**

Corte la base de los cogollos de endibia y lechuga, separe
cuidadosamente cada una de las hojas y póngalas en una
ensaladera grande.

Prepare el aliño batiendo todos los ingredientes. Sazónelo
al gusto con sal y pimienta.

Añada el aliño a las hojas de lechuga y a las endibias,
mézclelo y sirva la ensalada.

**Para preparar la ensalada de Gorgonzola, nueces
pacanas y pera**, prepare las hojas de ensalada tal como
se indica en la receta. Añada 50 g de nueces pacanas
tostadas y una pera en rodajas finas a las hojas de
lechuga y la endibia. Mézclelo bien. Bata los ingredientes
del aliño y viértalo tal como se indica en la receta. Eche
el aliño sobre la ensalada; sírvala inmediatamente.

ensalada de col, zanahoria y cebolla con mayonesa

4 raciones
tiempo de preparación
  15 minutos, más tiempo
  de reposo

½ **col**
½ **col lombarda**
2 **zanahorias**
1 **cebolla roja**
2 cucharadas de **perejil**
  picado toscamente

para el **aliño**
300 ml de **mayonesa**
  (*véase* pág. 12)
1 cucharada de **vinagre**
  de vino blanco
½ cucharadita **de azúcar**
  blanquilla
sal y **pimienta**

Corte las dos coles, las zanahorias y la cebolla en juliana fina. Mezcle las coles y las zanahorias en una ensaladera grande junto con la cebolla y el perejil.

Prepare el aliño batiendo la mayonesa, el vinagre y el azúcar y sazónelo al gusto con sal y pimienta al gusto. Viértalo sobre la mezcla de coles y déjelo reposar durante al menos 30 minutos antes de servir la ensalada.

Para preparar la misma ensalada con manzana y rábanos, añada 1 manzana roja y 5 rábanos, ambos cortados en rodajas finas, a los ingredientes de la ensalada de col. En lugar del aliño de mayonesa, bata 1 cucharadita de mostaza de Dijon, 2 cucharadas de vinagre de vino blanco y 3 cucharadas de aceite de oliva. Añada el aliño a la ensalada, tápela y déjela en la nevera durante al menos 30 minutos antes de servirla.

ensalada de roqueta, pera y pecorino

4 raciones
tiempo de preparación
  10 minutos

250 g de **roqueta**
2 **peras**
75 g de **queso pecorino con
  pimienta** cortado en virutas

para el **aliño**
1 cucharadita de **mostaza
  de Dijon**
2 cucharadas de **vinagre
  de sidra**
2 cucharadas de **aceite
  de oliva**
sal y **pimienta**

Prepare el aliño batiendo la mostaza, el vinagre de sidra
y el aceite. Sazónelo al gusto con sal y pimienta.

Eche la roqueta en una ensaladera grande. Corte la pera
en rodajas finas y añádala a la roqueta. Aliñe la ensalada
y remuévala cuidadosamente para mezclarlo todo bien.

Mezcle la mayoría de las virutas de pecorino con la ensalada
de roqueta y pera; decore la ensalada con las virutas sobrantes
y sírvala.

**Para preparar la ensalada de roqueta, manzana y vinagre
balsámico**, mezcle 250 g de roqueta, 1 manzana verde
cortada en láminas finas y 75 g de queso pecorino en virutas
en una ensaladera grande. Bata 2 cucharadas de vinagre
balsámico envejecido y 3 cucharadas de aceite de oliva.
Añada el aliño a la ensalada, remuévala cuidadosamente
para mezclarlo todo bien y sírvala inmediatamente.

ensalada verde

4-6 raciones

tiempo de preparación
5 minutos

400 g de **brotes tiernos
y hierbas variadas**, como
berros, escarola (endibia
rizada), **roqueta, tatsoi**
o **espinacas, cebollino,
perejil** y **perifollo**

para el **aliño**
1 cucharadita de **mostaza
de Dijon**
2 cucharadas de **vinagre
de Chardonnay**
4 cucharadas de **aceite
de oliva**
sal y **pimienta**

Prepare el aliño batiendo la mostaza, el aceite y el vinagre.
Sazónelo al gusto con sal y pimienta.

Eche los brotes tiernos y las hierbas variadas en una
ensaladera grande. Mézclelos cuidadosamente con
el aliño y sirva la ensalada inmediatamente.

**Para preparar una ensalada verde con queso de cabra
crujiente**, mezcle 75 g de pan rallado, 20 g de avellanas
picadas, 2 cucharadas de perejil picado y 1 diente de ajo
machacado. Sazone al gusto con sal y pimienta. Corte
100 g de queso de cabra en rodajas, enharínelas, páselas
ligeramente por huevo batido y, a continuación, por la mezcla
de pan rallado. Caliente 2 cucharadas de aceite vegetal en
una sartén grande y fría las rodajas de queso a fuego medio
durante 3 minutos por cada lado, hasta que queden doradas
y crujientes. Séquelas sobre papel de cocina y sírvalas con
la ensalada verde preparada tal como se indica en la receta.

ensalada jardinera

4 raciones
tiempo de preparación
10 minutos

½ **pepino**
250 g de **tomates cherry**
250 g de **brotes tiernos
variados**, como **mizuna,
acelga tierna, lollo rojo,
verdolaga** y **lechuga
hoja de roble**
1 **aguacate**
50 g de **aceitunas negras
sin hueso**

para el **aliño**
1 cucharadita **de mostaza
de Dijon**
2 cucharadas **de vinagre
de sidra**
3 cucharadas **de aceite
de oliva**
sal y **pimienta**

Pele y corte en rodajas el pepino y parta por la mitad los tomates. Mezcle las hojas de ensalada con el pepino y los tomates en una ensaladera grande. Pele y quítele el hueso al aguacate, corte su carne en dados y añádalo en la ensaladera junto con las aceitunas.

Prepare el aliño batiendo la mostaza, el vinagre y el aceite. Sazónelo al gusto con sal y pimienta.

Vierta el aliño por encima de la ensalada, remuévalo con cuidado para mezclarlo todo bien y sírvala.

Para preparar la ensalada jardinera con pollo asado,

mezcle la ralladura de 1 limón, 1 cucharada de perejil picado, 1 diente de ajo machacado, 2 cucharadas de aceite de oliva y sal y pimienta. Cubra 2 pechugas de pollo, de unos 125 g cada una, con esta mezcla y colóquelas sobre una bandeja de horno cubierta con papel de aluminio. Áselas en el horno precalentado durante 3-4 minutos por cada lado, hasta que estén hechas. Corte en rodajas las pechugas de pollo y dispóngalas cuidadosamente por encima de la ensalada granjera.

ensalada de calabacín, feta y menta

4-6 raciones
tiempo de preparación
  10 minutos
tiempo de cocción **10 minutos**

3 **calabacines verdes**
2 **calabacines amarillos**
aceite de oliva
un ramillete pequeño
  de **menta**
40 g de **queso feta**
sal y **pimienta**

para el **aliño**
2 cucharadas de **aceite de oliva**
ralladura y **zumo de 1 limón**

Corte los calabacines en rodajas finas longitudinalmente para conseguir tiras alargadas. Vierta un poco de aceite por encima y sazónelas con sal y pimienta. Caliente una plancha al rojo vivo y haga los calabacines por tandas hasta que queden marcados por ambos lados. A continuación, póngalos en una ensaladera grande.

Prepare el aliño batiendo el aceite y la ralladura y el zumo de limón. Sazónelo al gusto con sal y pimienta.

Pique toscamente la menta; reserve algunas hojas para la decoración. Mezcle cuidadosamente los calabacines, la menta y el aliño. Páselos a una ensaladera grande y desmenuce el feta por encima. Decore la ensalada con las hojas de menta restantes y sírvala.

Para preparar la ensalada de calabacines marinados, corte 3 calabacines en rodajas finas longitudinalmente y póngalos en un recipiente no metálico con ½ chile rojo troceado y sin semillas, 4 cucharadas de zumo de limón, 1 diente de ajo machacado y 4 cucharadas de aceite de oliva. Sazónelo al gusto con sal y pimienta. Deje que la ensalada marine, tapada, durante al menos 1 hora. Pique toscamente un ramillete pequeño de menta, mézclelo con la ensalada y sírvala inmediatamente.

ensalada de virutas de hinojo y rábanos

4-6 raciones
tiempo de preparación
10 minutos

2 **bulbos de hinojo**,
de unos 650 g en total
300 g de **rábanos**
2 cucharadas de **perejil**
picado toscamente

para el **aliño**
4 cucharadas de **zumo de limón**
2 cucharadas de **aceite de oliva**
sal y **pimienta**

Corte el hinojo y los rábanos en unas rodajas tan finas como sea posible con una mandolina o un cuchillo; reserve las hojas de hinojo como decoración. Mezcle las rodajas en una ensaladera grande junto con el perejil.

Prepare el aliño batiendo el zumo de limón y el aceite. Sazónelo al gusto con sal y pimienta.

Añada el aliño a la ensalada y remuévala cuidadosamente para mezclarla. Decórela con las hojas de hinojo y sírvala.

Para preparar la ensalada de hinojo en vinagre, mezcle 3 cucharadas de vinagre de sidra, 1 cucharada de semillas de comino tostadas y 400 ml de agua en un cazo pequeño. Llévelo todo a ebullición y sazone al gusto con sal y pimienta. Vierta el líquido inmediatamente sobre 650 g de hinojo cortado en rodajas finas y deje que se enfríe. Escurra el hinojo en vinagre y sírvalo como ensalada de acompañamiento o como guarnición para pescados al horno.

judías verdes con almendras

4 raciones

tiempo de preparación
10 minutos, más tiempo
de reposo

1 cucharadita de **mostaza
de Dijon**
2 cucharadas **de vinagre
de vino blanco**
1 **chalota** picada finamente
3 cucharadas de **aceite de oliva**
500 g de **judías verdes**
2 cucharadas de **almendras
laminadas tostadas**

Mezcle la mostaza y el vinagre en un cuenco. Añada la chalota finamente picada y déjelo reposar todo 10 minutos; a continuación agregue el aceite y bátalo todo.

Limpie y escalde las judías, remuévalas con el aliño y sírvalas en una ensaladera con las almendras laminadas por encima.

Para preparar judías verdes con aliño de anchoas, ponga 150 ml de aceite de oliva en una cacerola pequeña de base gruesa y añádale 3 anchoas de lata. Fríalo a fuego suave durante 5 minutos, hasta que las anchoas se hayan ablandado y estén deshechas. Retire la cacerola del fuego y deje que el aliño se enfríe a temperatura ambiente. Agregue 2 cucharadas de vinagre de vino blanco y un poco de pimienta negra recién molida y bata la mezcla. Añada 500 g de judías verdes limpias y escaldadas al aliño, mézclelas bien y sírvalas inmediatamente.

ensalada de verduras en vinagre

4 raciones
tiempo de preparación
  20 minutos, más tiempo
  de enfriado
tiempo de cocción **20 minutos**

8 **chalotas** pequeñas
1 **coliflor** pequeña
1 **pimiento rojo**
1 l de **agua**
150 ml de **vinagre**
  de vino blanco
150 g de **judías verdes**
150 g de **guisantes dulces**
75 g de **berros**
aceite de oliva
sal y **pimienta**

Pele y corte las chalotas y separe la coliflor en cogollitos. Quítele el centro y las semillas al pimiento y córtelo en dados de 2 cm.

Eche el agua y el vinagre en una cacerola de base gruesa, llévelo a ebullición y añada la coliflor, el pimiento y las chalotas. Vuelva a llevar la mezcla a ebullición y déjela hervir durante 2 minutos. Retire la cacerola del calor y deje que las verduras se enfríen dentro del líquido.

Limpie las judías y los guisantes dulces y escáldelos en agua hirviendo con un poco de sal. Refrésquelos en agua fría y escúrralos.

Cuando el líquido de vinagre se haya enfriado, cuele las verduras y mézclelas con las judías, los guisantes y los berros en una ensaladera grande. Aliñe la ensalada con aceite de oliva, sazónela al gusto con sal y pimienta y sírvala.

Para preparar la ensalada de pepino y chile en vinagre, corte 2 pepinos por la mitad longitudinalmente y quíteles las semillas con una cucharita. Corte el pepino en rodajas en sentido diagonal y añádalo en un cuenco no metálico. Agregue 1 cucharada de jengibre en vinagre en rodajas finas, 1 chile rojo sin semillas en rodajas finas y 5 cebolletas en rodajas finas. Ponga 100 g de azúcar, 75 ml de vinagre de vino blanco y 400 ml de agua en una cacerola de base gruesa y llévelo a ebullición. Deje que se enfríe, y después vierta el líquido sobre los pepinos y déjelo reposar durante al menos 1 hora. Los pepinos en vinagre pueden conservarse durante un máximo de 1 semana en un recipiente tapado dentro de la nevera.

ensalada de patata

4-6 raciones
tiempo de preparación
  10 minutos, más tiempo
  de enfriado
tiempo de cocción **15 minutos**

1 kg de **patatas nuevas**
125 g de **beicon ahumado**
1 cucharadita **de aceite vegetal**
6 **cebolletas**
175 ml de **mayonesa**
  (*véase* pág. 12)
sal y **pimienta**

Corte las patatas por la mitad y cuézalas en agua con sal hasta que estén tiernas. Aclárelas en agua fría y deje que se enfríen.

Mientras tanto, corte el beicon en tiras finas. Caliente el aceite en una sartén y fría el beicon hasta que esté dorado. Retire el exceso de grasa con papel de cocina y deje que se enfríe. Corte finamente las cebolletas y reserve algunas como decoración.

Ponga las patatas, las cebolletas en rodajas finas y el beicon en una ensaladera grande. Añada la mayonesa y remuévalo todo lentamente. Sazone al gusto con sal y pimienta, decore con las cebolletas que había reservado y sirva la ensalada.

Para preparar la ensalada de patata con queso azul y nueces, añada 50 g de queso azul, 2 cucharadas de nata agria y 1 cucharada de zumo de limón a 175 ml de mayonesa y mézclelo todo bien. Mezcle el aliño con las patatas cocidas junto con 2 cucharadas de perejil picado. Decore la ensalada con 40 g de nueces tostadas y sírvala.

ensalada de lombarda

4-6 raciones
tiempo de preparación
20 minutos, más tiempo
de marinado

500 g de **lombarda**
1 **cebolla roja**
1 **remolacha cruda**
2 **zanahorias**
1 **bulbo de hinojo**
2 cucharadas de **perejil**
o **eneldo** picado
75 g de **pasas** o **pasas sultanas**

para el **aliño**
6 cucharadas de **yogur natural**
1 cucharada de **vinagre de sidra**
o **vinagre de vino blanco**
2 cucharaditas de **mostaza
dulce alemana** o **mostaza
de Dijon**
1 cucharadita de **miel clara**
1 **diente de ajo** machacado
sal y **pimienta**

Retire el pedúnculo de la lombarda y córtela en tiras
finas. Corte la cebolla roja por la mitad y en juliana fina.
Pele la remolacha y las zanahorias y córtelas en tiras
finas o rállelas toscamente. Corte el bulbo de hinojo
por la mitad y en juliana fina.

Ponga todas las verduras preparadas, el perejil o eneldo
picado y las pasas o sultanas en una ensaladera grande
y remuévalas con las manos para mezclarlo todo bien.

Prepare el aliño. Mezcle el yogur con el vinagre, la mostaza,
la miel, el ajo machacado, una pizca de sal y mucha pimienta.
Vierta este aliño sobre las verduras, mézclelo bien y déjelo
marinar durante al menos 1 hora. Sirva la ensalada de lombarda
con pan de centeno o pan agrio.

Para preparar la ensalada de col con chile crujiente,
corte 250 g de col y 250 g de lombarda en tiras finas. Corte
1 zanahoria en tiras finas con un pelador y pique 1 cebolla roja
y 1 bulbo de hinojo en juliana fina. Prepare un aliño mezclando
3 cucharadas de salsa de chile dulce, 1 cucharada de salsa
de soja, 1 cucharada de salsa barbacoa, 2 cucharadas de
aceite de oliva y el zumo de 2 limas. Remueva la ensalada
con el aliño y déjela reposar durante al menos 30 minutos
para que los sabores se mezclen antes de servirla.

ensalada de roqueta y parmesano

4-6 raciones como guarnición
tiempo de preparación
5 minutos

250 g de **roqueta**
20 g de **queso parmesano
rallado finamente**
40 g de **queso parmesano
en virutas finas**

para el **aliño**
4 cucharadas de **zumo de limón**
2 cucharadas de **aceite de oliva**
½ cucharadita de **mostaza
de Dijon**
sal y **pimienta**

Prepare el aliño batiendo el zumo de limón, el aceite
y la mostaza. Sazónelo al gusto con sal y pimienta.

Ponga la roqueta en una ensaladera grande, eche
el parmesano rallado por encima y mézclelo un poco.
Vierta el aliño por encima y remuévalo para mezclarlo
todo. Decore la ensalada con las virutas de parmesano
y sírvala.

**Para preparar la ensalada de roqueta con aliño de
cebollino**, escalde unas cuantas ramitas de cebollino
en agua hirviendo durante 30 segundos, hasta que
adquieran un color verde vivo. Refrésquelas inmediatamente
en agua fría. Elimine el agua sobrante, córtelas toscamente
y póngalas en un vaso de batidora. Añada 50 ml de mayonesa
(*véase* pág. 12), 1 cucharada de vinagre de vino blanco
y sal y pimienta al gusto. Bátalo todo hasta que quede
una mezcla homogénea; modifique la consistencia con
1 cucharada de agua caliente si es necesario. Mezcle
250 g de roqueta con un bulbo de hinojo en rodajas finas,
vierta el aliño por encima, remuévalo y sirva inmediatamente.

ensaladas
ligeras

ensalada César

4-6 raciones
tiempo de preparación
20 minutos
tiempo de cocción **12 minutos**

1 **lechuga romana**
50 g de **filetes de anchoa
en aceite de oliva**
1 barra pequeña de **pan blanco**
75 g de **mantequilla**
3 cucharadas de **queso
parmesano en virutas**,
para decorar

para el **aliño**
5 cucharadas de **mayonesa**
(*véase* pág. 12)
4-5 cucharadas de **agua**
1-2 **dientes de ajo**
3 cucharadas de **queso
parmesano** rallado finamente
sal y **pimienta**

Prepare el aliño. Vierta la mayonesa en un cuenco pequeño y añádale suficiente agua para conseguir una salsa ligera y líquida. Machaque el ajo con un poco de sal marina gorda hasta obtener una pasta. Añádala a la mayonesa junto con el parmesano y mézclelo todo bien. Rebájela con un poco más de agua si es necesario para que la salsa siga siendo líquida. Añada pimienta al gusto y reserve.

Corte las hojas de lechuga en trozos del tamaño de un bocado y póngalas en una ensaladera grande. Escurra las anchoas, píquelas y échelas sobre la lechuga.

Corte el pan en rebanadas gruesas de 3 cm. Quítele la corteza. Funda la mantequilla, pinte con ella las rebanadas de pan y córtelas en dados de 2,5 cm. Unte una bandeja del horno con un poco de mantequilla y coloque el pan en una sola capa, pintando los lados con la mantequilla restante. Hornéelo en el horno precalentado a 200 °C, o en el 6 si es de gas, durante unos 12 minutos o hasta que los picatostes estén crujientes y dorados; vigílelos cuando lleven 8 minutos en el horno, pues suelen dorarse con rapidez.

Incorpore los picatostes calientes en la ensalada y, a continuación, vierta el aliño por encima. Esparza las virutas de parmesano y sirva la ensalada inmediatamente.

Para preparar la ensalada César con pollo cajún, mezcle 2 cucharaditas de condimento cajún con 4 cucharadas de aceite de oliva. Cubra 4 pechugas de pollo con la mezcla y déjelas marinar durante 1 hora en la nevera. Caliente una plancha a fuego medio y dore el pollo durante 4-5 minutos por cada lado hasta que esté hecho. Déjelo reposar 2 minutos, córtelo en rodajas finas y sírvalo con la ensalada César.

ensalada griega

2 raciones
tiempo de preparación
 10-15 minutos

½ **pepino**
4 **tomates pera**
1 **pimiento rojo**
1 **pimiento verde**
½ **cebolla roja**
60 g de **aceitunas Kalamata
 sin hueso**
50 g de **queso feta** en dados

para el **aliño**
4 cucharadas de **aceite de oliva**
1 cucharada de **perejil** picado
sal y **pimienta**

Corte el pepino y los tomates en trozos de 1-2 cm y póngalos en una ensaladera grande. Quite los nervios y las semillas de los pimientos, córtelos en tiras finas y añádalos en la ensaladera con los pepinos y los tomates. Pique la cebolla roja en juliana fina y añádala a la ensaladera junto con las aceitunas.

Prepare el aliño batiendo el aceite y el perejil. Sazónelo al gusto con sal y pimienta.

Vierta el aliño por encima de la ensalada y remuévalo con cuidado. Sirva la ensalada en cuencos y agregue el queso feta por encima.

Para preparar la ensalada griega con pan de pita al aroma de ajo, restriegue un diente de ajo pelado por 4 panes de pita, vierta por encima aceite de oliva, sazone con sal y pimienta y tuéstelo en el horno precalentado a 190 °C, o en el 5 si es de gas, durante 4-5 minutos hasta que quede crujiente. Rompa toscamente el pan de pita en cuadrados de unos 2 cm y resérvelo. Prepare la ensalada griega tal como se indica en la receta y añada 2 cucharadas de albahaca picada y 2 cucharadas de menta picada. Remueva la ensalada y sírvala con los trozos de pan de pita y 1 cucharada de hummus en cada plato.

ensalada niçoise

4 raciones
tiempo de preparación
   15 minutos
tiempo de cocción
   10-15 minutos

400 g de **patatas** pequeñas
200g de **judías verdes** limpias
5 **tomates pera** grandes
2 cucharadas de **perejil** picado,
   y unas hojas adicionales
   para decorar
60 g de **aceitunas negras**
   sin hueso
2 cucharadas de **zumo de limón**
2-3 cucharadas de **aceite**
   de oliva
4 **huevos** grandes **escalfados**
sal y **pimienta**

Cueza las patatas en agua hirviendo con un poco de sal, deje que se enfríen y córtelas por la mitad. Al mismo tiempo, lleve a ebullición una cacerola grande de agua con sal, añada las judías verdes cortadas y escáldelas durante 1-2 minutos, hasta que adquieran un color verde vivo y sigan duras al tacto. Refrésquelas con agua fría, escúrralas y póngalas en una ensaladera grande.

Quítele el centro a los tomates y corte cada uno de ellos en 6 trozos. Añada los tomates y el perejil picado a las judías junto con las patatas, las aceitunas, el zumo de limón y el aceite. Sazone al gusto con sal y pimienta.

Sirva la ensalada en platos, ponga encima de cada ración un huevo escalfado cortado por la mitad y vierta un poco de aceite de oliva. Decore con las hojas de perejil que había reservado.

Para preparar una ensalada niçoise con atún, prepare la ensalada siguiendo la receta de la ensalada niçoise. Escurra 185 g de atún en aceite, desmenúcelo y mézclelo con la ensalada niçoise. Sírvala con un huevo escalfado encima, si lo desea.

ensalada de pavo y aguacate

4 raciones
tiempo de preparación
  20 minutos

375 g de **pavo** asado
1 **aguacate** grande
una cajita de hojas de **mostaza**
  y **berros**
150 g de **brotes variados**
  de ensalada
50 g de **semillas variadas**
  tostadas, como **pipas**
  de calabaza y de **girasol**

para el **aliño**
2 cucharadas de **zumo**
  de manzana
2 cucharadas de **yogur natural**
1 cucharadita de **miel clara**
1 cucharadita de **mostaza**
  a la antigua
sal y **pimienta**

Corte el pavo en rodajas finas. Pele el aguacate, quítele el hueso y córtelo en dados. Mézclelo con las hojas de mostaza y berro en un cuenco grande. Añada el pavo y las semillas tostadas y remuévalo todo para mezclarlo bien.

Prepare el aliño batiendo el zumo de manzana, el yogur, la miel y la mostaza. Sazónelo al gusto con sal y pimienta.

Vierta el aliño por encima de la ensalada y remuévalo todo. Sirva la ensalada con pan de centeno integral tostado o enrollada dentro de pan sin levadura.

Para preparar la ensalada de cangrejo, manzana y aguacate, haga la ensalada de la misma forma, pero añada 300 g de carne de cangrejo blanco fresco cocido en lugar del pavo. Corte 1 manzana en bastones finos y écheles un poco de zumo de limón por encima para que no pierdan color. Prepare un aliño batiendo 2 cucharadas de zumo de manzana con 3 cucharadas de aceite de oliva, un chorrito de zumo de limón y una chalota picada finamente. Sazónelo al gusto con sal y pimienta. Eche el aliño por encima de la ensalada, remuévala con cuidado y sírvala.

ensalada panzanella

4 raciones
tiempo de preparación
15 minutos, más tiempo
de reposo

600 g de **tomates** grandes
1 cucharada de **sal marina**
150 g de **pan chapata**
½ **cebolla roja**, picada finamente
1 manojo de **hojas de albahaca**,
y unas hojas adicionales
para decorar
1 cucharada de **vinagre de vino
tinto**
2 cucharadas de **aceite de oliva**
12 **anchoas blancas en vinagre**,
escurridas
sal y **pimienta**

Pique los tomates toscamente en trozos de 2 cm y póngalos
en un cuenco no metálico. Écheles por encima la sal marina
y déjelos reposar durante 1 hora.

Retire las cortezas al pan chapata y pártalo en trozos desiguales.

Apriete con fuerza los tomates con las manos limpias y añádales
el pan, la cebolla, la albahaca, el aceite y el vinagre. Sazónelo
al gusto con sal y pimienta. Mézclelo todo bien y póngalo
en platos para servir. Decore las ensaladas con las anchoas
escurridas y la albahaca que había reservado y sírvalas.

Para preparar la ensalada de tomate y judías, pique
finamente 1 cebolla roja, cúbrala con 4 cucharadas
de vinagre de vino tinto y déjela reposar durante unos
30 minutos. Corte 150 g de pan chapata en trozos y
colóquelo en un recipiente para el horno. Vierta aceite
de oliva por encima, sazónelo con sal y pimienta al gusto
y añádale 2 ramitas de tomillo. Haga la chapata en el horno
precalentado a 190 °C, o en el 5 si es de gas, hasta que
esté crujiente y dorada. Pique 300 g de tomates en dados
y póngalos en un cuenco grande. Añádales 410 g de
judías pintas de lata, lavadas y escurridas, 410 g de judías
blancas de lata, lavadas y escurridas, y 1 ramita de albahaca
picada. Retire la cebolla del vinagre, reserve el vinagre, y
añádala a la ensalada con 12 anchoas blancas en vinagre
escurridas. Añada 1 cucharadita de mostaza de Dijon
al vinagre que había reservado y bátalo con 5 cucharadas
de aceite de oliva. Sazónelo al gusto con sal y pimienta.
Vierta el aliño sobre la ensalada, remuévala y sírvala,
decorada con los picatostes de chapata.

ensalada de verduras de primavera

4 raciones
tiempo de preparación
10 minutos
tiempo de cocción **10 minutos**

200 g de **guisantes** frescos
  o congelados
200 g de **espárragos** trigueros
  limpios
200 g de **guisantes dulces**
2 **calabacines**
1 **bulbo de hinojo**

para el **aliño**
ralladura y **zumo** de 1 **limón**
1 cucharadita de **mostaza**
  de Dijon
1 cucharadita **de miel clara**
1 cucharada de **perejil liso**
  picado
1 cucharada de **aceite de oliva**

Ponga los guisantes, los espárragos y los guisantes dulces en una cacerola de agua con sal y cuézalos a fuego lento durante 3 minutos. Escurra las verduras y refrésquelas con agua fría del grifo.

Corte los calabacines en tiras alargadas y finas y el bulbo de hinojo en rodajas finas. Ponga todas las verduras en una ensaladera grande y mézclelas.

Prepare el aliño batiendo la ralladura y el zumo de limón, la mostaza, la miel, el perejil y el aceite en otro cuenco. Vierta el aliño por encima de las verduras y sírvalas.

Para preparar un aliño de remolacha para servirlo con la ensalada de verduras de primavera, prepare las verduras tal como se indica en la receta y resérvelas. Pique finamente ½ cebolla roja y 1 diente de ajo. Caliente 2 cucharadas de aceite de oliva en una cacerola a fuego medio y dore la cebolla y el ajo. Añada 4 remolachas precocidas y 6 tomates secos troceados toscamente y siga friéndolo todo durante 3 minutos. Cuando la cebolla empiece a cambiar de color, desglase la cacerola con 2 cucharadas de vinagre balsámico. Déjelo reducir durante 1 minuto y a continuación añádale 100 ml de caldo de pollo o verduras. Deje que el caldo se reduzca en una cuarta parte y, a continuación, que se enfríe. Pase el caldo a un robot de cocina o al vaso de la batidora y bátalo hasta obtener una mezcla homogénea. Sazónelo con sal y pimienta y añada un máximo de 2 cucharadas de nata hasta que el aliño quede líquido. Vierta el aliño por encima de las verduras y sírvalas.

ensalada de remolacha y naranja

2-4 raciones
tiempo de preparación
15 minutos
tiempo de cocción **30 minutos**

7 **remolachas** pequeñas
1 cucharadita de **semillas de comino**
1 cucharada de **vinagre de vino tinto**
2 **naranjas**
65 g de **berros**
75 g de **queso de cabra suave**
pimienta negra molida

para el **aliño**
1 cucharada de **miel clara**
1 cucharadita de **mostaza a la antigua**
1 ½ cucharadas de **vinagre de vino blanco**
3 cucharadas de **aceite de oliva**
sal y **pimienta**

Limpie las remolachas y póngalas en una bandeja para el horno cubierta con papel de aluminio junto con las semillas de comino y el vinagre. Métalas en el horno precalentado a 190 °C, o en el 5 si es de gas, durante 5 minutos o hasta que estén hechas. Compruébelo clavando un cuchillo en una de ellas. Deje que las remolachas se enfríen ligeramente y, a continuación, utilizando guantes para manipular alimentos, quíteles la piel y pártalas por la mitad o en cuartos.

Pele y parta las naranjas. Prepare el aliño batiendo la miel, la mostaza, el vinagre y el aceite. Sazónelo al gusto con sal y pimienta.

Ponga los berros en un cuenco con la remolacha y añádale el aliño. Remueva y mézclelos con cuidado. Coloque las naranjas en un plato, añada la ensalada y desmenuce el queso por encima. Sazónelo con pimienta negra recién molida y sírvalo.

Para preparar una ensalada de queso de cabra marinado, tomates secos y salami, cubra 125 g de queso de cabra suave con unos 250 ml de aceite de oliva dentro de un recipiente de plástico. Añádale 2 dientes de ajo en láminas, 1 trozo de ralladura de limón, una ramita de tomillo y 1 cucharada de semillas de comino tostadas. Déjelo marinar durante la noche. Saque el queso y deje que se seque en papel de cocina. Elimine el marinado. Corte 125 g de salami en rodajas finas y póngalas en una ensaladera grande con 150 g de tomates secos y 150 g de roqueta. Desmenuce 60 g del queso de cabra en la ensalada. Prepare el aliño tal como se indica en la receta y viértalo sobre la ensalada. Remuévalo con cuidado para mezclarlo todo bien, desmenuce el queso de cabra restante por encima y sirva la ensalada.

ensalada cajún de patatas y gambas

2 raciones
tiempo de preparación
10 minutos
tiempo de cocción
15-20 minutos

300 g de **patatas nuevas**
1 cucharada de **aceite de oliva**
250 g de **gambas grandes cocidas y peladas**
1 **diente de ajo** machacado
4 **cebolletas** en juliana fina
2 cucharaditas de **condimento cajún**
1 **aguacate** maduro
1 puñado de **brotes de alfalfa**
sal

Corte las patatas por la mitad y hiérvalas en una cacerola grande de agua con sal durante 10-15 minutos o hasta que estén tiernas. Escúrralas bien.

Caliente el aceite en un wok o una sartén antiadherente grande. Añada las gambas, el ajo machacado, las cebolletas en juliana y el condimento cajún y saltéelo todo durante 2-3 minutos o hasta que las gambas estén calientes. Agregue las patatas y hágalas durante 1 minuto. Páselo todo a un plato para servir.

Pele y quítele el hueso al aguacate, córtelo en dados y añádalo a la ensalada. Ponga los brotes de alfalfa por encima y sírvala.

Para preparar la ensalada de patata y aguacate con alitas de pollo cajún, mezcle 2 cucharadas de aceite vegetal y 2 cucharaditas de condimento cajún. Marine 12 alitas de pollo en la mezcla durante al menos 1 hora. Ponga las alitas de pollo en una bandeja para el horno cubierta con papel de aluminio y métalas en el grill precalentado durante 8-10 minutos, hasta que estén doradas y hechas. Prepare las patatas tal como se ha indicado en la receta y saltéelas en un wok o una sartén antiadherente con 1 diente de ajo machacado, 4 cebolletas en juliana y 2 cucharaditas de especias. Mézclelo todo con el aguacate y sírvalo con poco de lechuga y las alitas de pollo.

ensalada de guisantes y habas

4 raciones
tiempo de preparación
15 minutos
tiempo de cocción **10 minutos**

150 g de **guisantes** congelados
150 g de **habas**
75 g de **tirabeques**
un puñadito de **menta** picado
finamente
150 g de **queso feta**

para el **aliño**
1 cucharadita de **mostaza**
de Dijon
2 cucharadas de **aceite de oliva**
1 cucharada de **vinagre**
de Chardonnay
sal y **pimienta**

Lleve a ebullición una cacerola grande con agua con sal y cueza los guisantes durante 2 minutos. Refrésquelos en agua fría. Cueza las habas durante 3 minutos, refrésquelas y pélelas hasta que se vea verde vivo en su interior. Mezcle las habas con los guisantes, los tirabeques y la menta picada toscamente.

Prepare el aliño batiendo la mostaza, el aceite y el vinagre. Sazónelo al gusto con sal y pimienta.

Desmenuce el queso feta sobre la ensalada, añada el aliño poco a poco y sírvala.

Para preparar la ensalada de guisantes, habas y chorizo, haga los guisantes y las habas como se indica en la receta. Póngalos en un cuenco con los tirabeque y añádales 1 calabacín rallado. Corte 3 chorizos diagonalmente en rodajas finas y fríalos en una sartén caliente hasta que estén crujientes y dorados. Retíreles el exceso de aceite con papel de cocina y añádalos a la ensalada. Bata los ingredientes del aliño tal como se indica en la receta y remueva la ensalada con la menta y el queso feta. Sírvala inmediatamente.

ensalada de naranja y aguacate

4 raciones
tiempo de preparación
   20 minutos

4 **naranjas** para zumo grandes
2 **aguacates** pequeños maduros
2 cucharaditas de **vainas**
   de cardamomo
3 cucharadas de **aceite de oliva**
1 cucharada de **miel clara**
una pizca de **pimienta**
   de Jamaica
2 cucharaditas de **zumo de limón**
sal y **pimienta**
ramitas de **berro**, para decorar

Corte la piel y la parte blanca de las naranjas. Separe los gajos sobre un cuenco para aprovechar el zumo. Pele los aguacates, quíteles el hueso, córtelos en rodajas y mézclelos poco a poco con los gajos de naranja. Póngalos en platos para servir.

Reserve unas cuantas vainas de cardamomo enteras para decorar. Machaque las vainas restantes con un mortero y una mano de mortero para extraer las semillas o colóquelas en un cuenco pequeño y macháquelas con el extremo de un rodillo. Separe y tire las vainas.

Mezcle las semillas con el aceite, la miel, la pimienta de Jamaica y el zumo de limón. Sazónelo al gusto con sal y pimienta y agregue el zumo de naranja que había reservado. Decore las ensaladas con ramitas de berro y con las vainas de cardamomo reservadas y sírvalas con el aliño por encima.

Para preparar la ensalada de naranja, aguacate y pato a la miel, prepare la ensalada tal como se indica en la receta. Practique unos cortes en forma de rejilla sobre 4 pechugas de pato, por el lado de la grasa. Coloque el pato, con el lado de la piel hacia abajo, en una sartén grande, sazónelo con sal y pimienta y cocínelo durante 5-6 minutos hasta que esté dorado. Dele la vuelta, échele miel por encima y cocínelo durante 6 minutos más o hasta que esté hecho. Resérvelo y déjelo reposar durante 10 minutos. Corte el pato en rodajas y sírvalo con la ensalada de naranja y aguacate.

ensalada de trucha ahumada y uvas

2 raciones
tiempo de preparación
15 minutos

200 g de **trucha ahumada**
160 g de **uvas negras**
sin pepitas
75 g de **berros**
1 **bulbo de hinojo**

para el **aliño**
3 cucharadas de **mayonesa**
(*véase* pág. 12)
4 **pepinillos** picados finamente
1 ½ cucharada de **alcaparras**
picadas
2 cucharadas de **zumo de limón**
sal y **pimienta**

Desmenuce la trucha ahumada en trozos del tamaño de un bocado, quíteles las espinas y échelos en una ensaladera grande.

Lave y seque las uvas y los berros y añádalos a la ensaladera. Corte el hinojo en rodajas finas y agréguelo a la mezcla.

Prepare el aliño mezclando la mayonesa, los pepinillos, las alcaparras y el zumo de limón. Sazónelo al gusto con sal y pimienta, mézclelo cuidadosamente con la ensalada y sírvala.

Para preparar la ensalada de trucha crujiente, añada 1 huevo duro picado finamente, 2 filetes de anchoa picados finamente y 1 cucharada de perejil picado al aliño. Prepare la ensalada tal como se indica en la receta y añada 1 manzana verde cortada en tiras. Sazone con sal y pimienta 2 trozos de trucha fresca, de unos 140 g cada uno. Caliente 1 cucharada de aceite vegetal en una sartén a fuego fuerte y cocine la trucha, con el lado de la piel hacia abajo, durante 4 minutos; vaya aplastándola con una pala para obtener un exterior crujiente y homogéneo. Dele la vuelta al pescado y cocínelo durante 2 minutos más o hasta que esté hecho. Retírelo de la sartén. Remueva la ensalada con el aliño y sírvala inmediatamente con la trucha crujiente.

ensalada de sandía y queso feta

4 raciones

tiempo de preparación
10 minutos

tiempo de cocción **2 minutos**

1 cucharada de **semillas de sésamo negras**

500 g de **sandía**

175 g de **queso feta**

875 g de **roqueta**

unas ramitas de **menta, perejil y cilantro**

6 cucharadas de **aceite de oliva**

1 cucharada de **agua de azahar**

1 ½ cucharada de **zumo de limón**

1 cucharadita de **almíbar de granada** (opcional)

½ cucharadita de **azúcar blanquilla**

sal y **pimienta**

Caliente una sartén y saltee las semillas de sésamo durante 2 minutos, hasta que suelten su aroma. Resérvelas.

Pele la sandía, quítele las pepitas y córtela en dados. Trocee el queso feta. Coloque la sandía y el feta en una fuente grande junto con la roqueta y las hierbas.

Bata el aceite, el agua de azahar, el zumo de limón, el almíbar de granada (si lo va a utilizar) y el azúcar. Sazónelo al gusto con sal y pimienta y vierta el aliño por encima de la ensalada. Espolvoréela con las semillas de sésamo y sírvala.

Para preparar la ensalada de tomate, queso feta y albahaca, corte 750 g de tomate en cuartos y póngalos poco a poco en una ensaladera grande. Prepare el aliño batiendo en un cuenco pequeño 3 cucharadas de vinagre balsámico envejecido y 6 cucharadas de aceite de oliva. Añada a los tomates 875 g de roqueta, un puñado de hojas de albahaca y las ramitas de menta y perejil. Desmenuce por encima 175 g de queso feta, vierta el aliño por encima y remuévalo. Decore la ensalada con 3 cucharadas de piñones tostados y sírvala.

ensalada de pollo, albaricoques y almendras

4 raciones

tiempo de preparación
10 minutos

200 g de **apio**
75 g de **almendras**
3 cucharadas de **perejil** picado
4 cucharadas de **mayonesa**
   (*véase* pág. 12)
3 **pechugas de pollo** cocidas
   o asadas, de unos 150 g
   cada una
12 **albaricoques** frescos
sal y **pimienta**

Corte el apio en rodajas finas diagonalmente; reserve las hojas interiores amarillas. Ponga las rodajas en una ensaladera grande junto con la mitad de las hojas. Pique toscamente las almendras y añada la mitad de ellas a la ensaladera junto con el perejil y la mayonesa. Sazónelo todo al gusto con sal y pimienta.

Pase la ensalada a una fuente para servir. Corte el pollo en tiras y los albaricoques por la mitad quitándoles el hueso. Añada el pollo y los albaricoques a la ensalada y remuévala con cuidado para mezclarlo todo. Decórela con las almendras restantes y las hojas de apio y sírvala.

Para preparar la ensalada de pollo a la plancha con albaricoques y tomate, marine 4 pechugas de pollo, de unos 150 g cada una, con 2 dientes de ajo machacados, 50 ml de salsa de chile dulce y el zumo y la ralladura de 1 lima durante al menos 1 hora. Saque el pollo del marinado y póngalo en una plancha caliente. Cocínelo hasta que esté dorado y hecho. Quite el hueso a 12 albaricoques y córtelos en dados de unos 5 mm. Mézclelos con 3 tomates maduros cortados en trozos de unos 5 mm y con 2 cucharadas de cilantro picado. Bata 3 cucharadas de vinagre de vino tinto, 3 cucharadas de aceite de oliva, 1 cucharadita de azúcar moreno y 1 cucharadita de salsa de soja y vierta el aliño por encima de la ensalada. Mézclela bien y sírvala con el pollo.

ensalada de rábano japonés, zanahoria y pimiento rojo

4 raciones
tiempo de preparación
15 minutos
tiempo de cocción **2-3 minutos**

1 **rábano japonés** pequeño
3 **zanahorias**
1 **pimiento rojo** grande y duro
1 cucharada de **semillas
de sésamo tostadas**
1 cucharadita de **aceite
de sésamo**
1 cucharada de **mirin**
(vino de arroz)
1 cucharada de **vinagre de vino
de arroz**
4 **cebolletas** en juliana fina
hojas de cilantro, para decorar

Ralle o corte en juliana el rábano japonés, las zanahorias y el pimiento rojo. Si el pimiento rojo es difícil de rallar, puede resultar más sencillo cortarlo en juliana fina. Coloque las verduras y las semillas de sésamo en un cuenco y mézclelas con las manos.

Ponga el aceite de sésamo, el mirin y el vinagre en una cacerola pequeña y caliéntelos suavemente durante 2-3 minutos para que se mezclen los sabores. Retire la cacerola del fuego y deje que la mezcla se enfríe ligeramente.

Disponga la ensalada en un montón en el centro de cuatro platos y vierta el aliño por encima y a su alrededor. Ponga encima de cada una de las ensaladas las cebolletas en juliana fina, decórelas con unas hojas de cilantro y sírvalas.

Para preparar la ensalada de rábano japonés con costillas al estilo asiático, haga un marinado en una cacerola pequeña mezclando 5 cucharadas de salsa de soja, 2 cucharadas de azúcar moreno, 2 cucharadas de vinagre de vino de arroz, 1 cm de jengibre fresco, pelado y en rodajas, la ralladura y el zumo de una naranja, 1 ramita de canela y 1 anís estrellado. Caliente bien el marinado, removiéndolo hasta que el azúcar se haya disuelto, y a continuación deje que se enfríe. Corte en trozos 600 g de costillas de cerdo, vierta el marinado por encima de ellas y déjelas marinar durante la noche. Ponga las costillas en una bandeja para el horno cubierta con papel de plata y hágalas al grill durante 20 minutos, hasta que queden pegajosas; deles la vuelta y vuelva a echarles marinado por encima de vez en cuando. Prepare la ensalada tal como se indica en la receta y sírvala junto con las costillas.

fattoush

4-6 raciones
tiempo de preparación
   15 minutos
tiempo de cocción **5 minutos**

5 **tomates** maduros
1 **pepino**
1 **pimiento verde**
1 **pimiento rojo**
½ **cebolla roja**
4 **panes sin levadura**
2 cucharadas de **aceite de oliva**
sal y **pimienta**

para el **aliño**
1 **diente de ajo** machacado
4 cucharadas de **zumo de limón**
3 cucharadas de **aceite de oliva**
2 cucharadas de **perejil** picado
2 cucharadas de **menta** picada

Corte los tomates, el pepino, los pimientos verde y rojo y la cebolla en trozos de 1 cm y póngalos en un cuenco no metálico.

Corte los panes sin levadura en cuadrados de 1 cm. Caliente el aceite en una sartén y fría el pan por tandas. Retire el exceso de aceite con papel de cocina y deje que se enfríe.

Prepare el aliño batiendo el ajo, el zumo de limón, el aceite, el perejil y la menta.

Vierta el aliño sobre las verduras, remuévalos con cuidado y sazónelas al gusto con sal y pimienta. Decore la ensalada con los picatostes y sírvala inmediatamente.

Para preparar la ensalada fattoush con sardinas asadas, quite las espinas y las tripas a 8 sardinas enteras

y colóquelas en una bandeja para el horno. Introduzca 1 ramita de romero en cada una de las sardinas. Mezcle 4 cucharadas de aceite de oliva y 1 diente de ajo machacado y pinte las sardinas con el aceite con sabor a ajo. Sazónelas al gusto con sal y pimienta. Hágalas a la barbacoa o en el grill precalentado durante 3 minutos por cada lado. Retire las sardinas del fuego y sírvalas con la ensalada fattoush y unas rodajas de limón.

ensalada de higos, frambuesas y jamón serrano

4-6 raciones
tiempo de preparación
 5 minutos

150 g de **mezcla de roqueta y remolacha**
6 **higos** maduros, cortados por la mitad
150 g de **frambuesas**
8 lonchas de **jamón serrano**
2 bolas grandes de **mozzarella de búfala**, de unos 150 g cada una

para el **aliño**
2 cucharadas de **vinagre balsámico envejecido**
2 cucharadas de **aceite de oliva**

Ponga las hojas de roqueta y remolacha en un cuenco grande; añada los higos cortados por la mitad, las frambuesas y el jamón serrano, mézclelo todo con cuidado y traspáselo a una fuente para servir grande.

Prepare el aliño batiendo el vinagre con el aceite. Divida cada una de las bolas de mozzarella en 3 trozos y distribúyalos por la ensalada. Vierta el aliño por encima de la ensalada y sírvala.

Para preparar la ensalada de higos asados y frambuesas, corte 6 higos maduros por la mitad y espolvoree ½ cucharada de azúcar blanquilla sobre cada una de las mitades. Cocine los higos en un grill precalentado durante 3-4 minutos, hasta que estén dorados. Páselos a una fuente con 150 g de frambuesas, vierta por encima 2 cucharadas de vinagre balsámico y sirva la ensalada como postre.

ensalada de nueces y queso azul

4 raciones
tiempo de preparación
 15 minutos
tiempo de cocción **5 minutos**

50 g de **nueces partidas**
 por la mitad
2 cucharadas de **azúcar lustre**
2 cogollos de **endibia**
50 g de **roqueta**
1 **achicoria**, separada en hojas
125 g de **queso azul**,
 por ejemplo **Roquefort**

para el **aliño**
1 cucharada de **mostaza**
 de Dijon
2 cucharadas de **vinagre**
 de sidra
4 cucharadas de **aceite de oliva**

Ponga las nueces en una bolsa de plástico con el azúcar lustre y 1 cucharada de agua y sacúdalas hasta que queden cubiertas de azúcar. Coloque las nueces en una bandeja para el horno y hágalas en el horno precalentado a 180 °C, o en el 4 si es de gas, durante 5 minutos o hasta que estén doradas y crujientes.

Separe las hojas de endibia y póngalas en una ensaladera grande con la roqueta y la achicoria. Desmenuce por encima el queso y añada las nueces. Remueva con cuidado.

Prepare el aliño batiendo la mostaza, el vinagre y el aceite. Vierta el aliño por encima de la ensalada, remuévala y sírvala.

Para preparar la ensalada de achicoria y endibia a la plancha, corte 2 cogollos de endibia por la mitad y 2 achicorias en cuartos. Espolvoree por encima 2 cucharadas de azúcar lustre y póngalas sobre una plancha con aceite a fuego medio. Haga los cogollos de endibia y la achicoria hasta que estén dorados y caramelizados. Mezcle 3 cucharadas de vinagre de sidra y 4 cucharadas de aceite de oliva con 20 g de pasas sultanas y caliente la mezcla en una cacerola pequeña. Vierta este aliño sobre la ensalada y remuévalo para mezclarlo bien. Decore con 3 cucharadas de perejil picado toscamente y 125 g de queso Gorgonzola desmenuzado.

ensalada de frambuesas con tostadas

4 raciones
tiempo de preparación
15 minutos
tiempo de cocción **4 minutos**

½ **cebolla roja**, en juliana fina
125 g de **brotes variados para
ensalada**, como **brotes
tiernos de acelga roja**
100 g de **frambuesas** frescas
2 cucharadas de **vinagre
balsámico**
1 **granada**
8 rebanadas, de unos 75 g,
de **pan francés integral**
250 g de **requesón**
una pizca de **pimentón dulce**

Ponga la cebolla en un cuenco junto con los brotes para
ensalada y las frambuesas. Vierta el vinagre por encima
y remueva.

Corte la granada en cuartos, doble la cáscara y sáquele
los granos. Espolvoree la mitad de los granos por encima
de la ensalada y, a continuación, pase la ensalada a 4 platos
para servir.

Tueste el pan por ambos lados y disponga dos rebanadas
en el centro de cada plato. Extienda el requesón sobre la
tostada, eche los granos de granada restantes y un poco
de pimentón dulce y sirva las ensaladas.

Para preparar el aliño de frambuesas para ensalada

y servirlo con la ensalada anterior, ponga 100 g de frambuesas,
100 g de vinagre de frambuesa, 150 ml de aceite de oliva,
1 cucharadita de azúcar blanquilla, 1 cucharadita de mostaza
de Dijon, 2 cucharadas de estragón picado y 1 diente de
ajo picado en un robot de cocina o en el vaso de la batidora.
Bátalo todo hasta que quede una mezcla homogénea,
pruébela y sazónela al gusto con sal y pimienta. Si desea
eliminar los grumos al aliño, páselo por un colador fino.
Puede conservarlo, tapado, durante un máximo de 7 días
en la nevera.

ensalada mexicana

4 raciones

tiempo de preparación
10 minutos

1 **lechuga iceberg**
410 g de **frijoles rojos**,
escurridos y enjuagados
1 **aguacate**, pelado, sin hueso
y cortado en dados
2 **tomates** maduros, picados
½ **cebolla roja**, en dados finos
1 cucharada de **cilantro** picado
1 **jalapeño** (opcional), en rodajas
finas
tortitas de maíz, para decorar
nata agria (opcional), para servir

para el **aliño**
zumo de 1 ½ **limas**
3 cucharadas de **aceite de oliva**

Corte la lechuga en trozos del tamaño de un bocado
y póngalos en una ensaladera grande. Añada los frijoles,
el aguacate, los tomates y la cebolla junto con el cilantro
y el jalapeño (si va a utilizarlo). Mezcle todos los ingredientes.

Prepare el aliño batiendo el zumo de lima junto con el
aceite. Vierta el aliño por encima de la ensalada y remuévalo
para mezclarlo. Decórela con tortitas de maíz ligeramente
machacadas y, si lo desea, sírvala con nata agria.

Para preparar la ensalada mexicana de pollo y arándanos,
pique toscamente 2 lechugas romanas y póngalas en una
ensaladera grande. Desmenuce 3 pechugas de pollo hervido,
de unos 150 g cada una, y añádalas a la lechuga junto
con 60 g de nueces pacanas tostadas, 50 g de arándanos
secos, 1 manzana roja cortada en dados y 1 pimiento verde
picado sin corazón ni pepitas. Bata 2 cucharadas de vinagre
de sidra y 4 cucharadas de aceite de oliva y sazónelo todo
al gusto con sal y pimienta. Vierta el aliño por encima de
la ensalada y remuévalo para mezclarlo todo bien. Decore
tortitas de maíz normales machacadas y sirva la ensalada.

ensalada de tomate y mozzarella

4-6 raciones
tiempo de preparación
  15 minutos

500 g de **tomates** maduros,
  preferiblemente de tipos
  distintos, como **tomates**
  de colores, **cherry** y **pera**
unas 3 cucharadas de **aceite**
  de oliva
2 cucharadas de **vinagre**
  balsámico envejecido
un puñado pequeño de **hojas**
  de albahaca
150 g de **bolitas de mozzarella**
  pequeñas
sal y **pimienta**

Corte la mitad de los tomates en rodajas gruesas y la otra mitad en cuartos. Disponga las rodajas en una fuente grande, ligeramente superpuestas.

Ponga los cuartos de tomate en un cuenco y vierta encima aceite de oliva y vinagre balsámico. Sazónelos al gusto con sal y pimienta. Remuévalos con cuidado y añada encima las rodajas de tomate.

Añada las hojas de albahaca y las bolas de mozzarella a los cuartos de tomate. Vierta más aceite de oliva y vinagre balsámico por encima de la ensalada, sazónela al gusto con sal y pimienta y sírvala.

Para preparar la ensalada de tomate y pasta, haga 250 g de espirales o macarrones hasta que estén tiernos. Refrésquelos con agua fría. Pique 500 g de tomates en trozos y mézclelos con la pasta caliente, vierta aceite de oliva por encima y sazónelo todo al gusto con sal y pimienta. Añada un puñado de hojas de albahaca en trozos, decore con virutas de queso parmesano y sirva la ensalada.

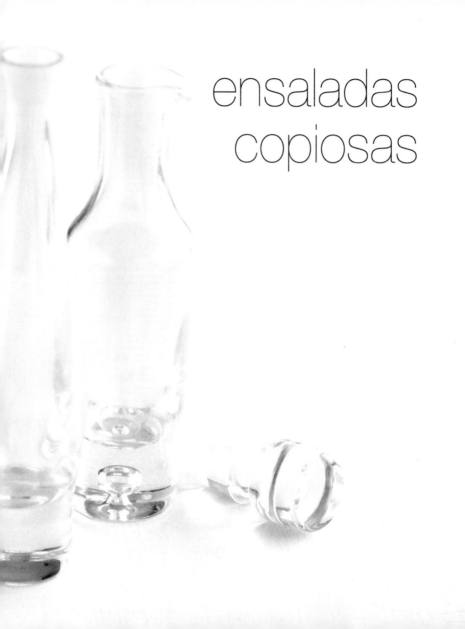

ensaladas
copiosas

ensalada de ternera al estilo tailandés

4-6 raciones

tiempo de preparación
20 minutos

tiempo de cocción **10 minutos**

125 g de **papaya verde**, pelada
y sin semillas
125 g de **mango verde**, pelado
y sin hueso
un puñado de **hojas de menta**
un puñado de **hojas**
de albahaca tailandesa
2 **chalotas alargadas** pequeñas
1 cucharada de **aceite vegetal**
4 **filetes de solomillo** de ternera,
de unos 125 g cada uno

para el **aliño**
½ **chile**, sin semillas
1 cm de **jengibre fresco**,
pelado y en rodajas finas
1 ½ cucharada de **azúcar**
de palma
zumo de 2 **limas**
2 cucharadas de **salsa**
de pescado tailandesa
(nam pla)

Ralle o corte la papaya y el mango en tiras finas y alargadas. Mezcle las hojas de menta y albahaca en una ensaladera grande junto con el mango y la papaya. Corte las chalotas en juliana fina y añádalas a la mezcla.

Prepare el aliño. Machaque el chile junto con el jengibre y el azúcar con la ayuda de una mano de mortero. Añádale zumo de lima y salsa de pescado al gusto.

Caliente una plancha a fuego fuerte, añada el aceite y haga el solomillo 5 minutos por cada lado. Saque el solomillo de la plancha y déjelo reposar 5 minutos.

Corte el solomillo en rodajas finas diagonalmente y dispóngalas en los platos para servir. Añada el aliño a la ensalada, remuévalo para mezclarlo bien y sírvala con el solomillo.

Para preparar un khao koor de arroz tostado, un aliño especial para esta ensalada, ponga 3 cucharadas de arroz jazmín crudo en una sartén pequeña calentada a fuego medio y no deje de remover hasta que el arroz esté dorado. Deje que el arroz se enfríe y, a continuación, muélalo toscamente con un molinillo para especias o con un mortero; añádalo sobre la ensalada terminada.

ensalada de mango y pollo con especias

4 raciones
tiempo de preparación
15 minutos
tiempo de cocción **5 minutos**

4 **pechugas de pollo** sin hueso
ni piel, de unos 150 g cada una
6 cucharaditas de **pasta
de curry suave**
4 cucharaditas de **zumo
de limón**
150 ml de **yogur natural**
1 **mango**, pelado, sin hueso
y cortado en trozos
50 g de **berros**
½ **pepino**, en dados
½ **cebolla roja**, picada finamente
½ **lechuga iceberg**

Corte las pechugas de pollo en tiras finas y alargadas. Ponga 4 cucharaditas de pasta de curry en una bolsa de plástico junto con el zumo de limón y mézclelo todo bien, presionando la bolsa. Añada el pollo y remueva.

Llene con agua la base de una vaporera hasta la mitad y lleve a ebullición. Cueza el pollo al vapor en una única capa, tapado, durante 5 minutos, hasta que esté hecho. Compruébelo con un cuchillo o un palillo metálico.

Al mismo tiempo, mezcle la pasta de curry restante con el yogur en un cuenco.

Corte los berros en pedazos del tamaño de un bocado. Añádalos al aliño de yogur junto con el pepino, la cebolla roja y el mango, y remueva.

Parta la lechuga en trozos y dispóngala en 4 platos. Ponga la mezcla de mango por encima, añada las tiras de pollo calientes y sirva las ensaladas inmediatamente.

Para preparar la ensalada de langostinos picantes, mango y aguacate, sustituya el pollo por 400 g de langostinos crudos pelados y con cola. Prepare la ensalada tal como se indica en la receta, pero añádale un aguacate en dados. Caliente 2 cucharadas de aceite vegetal o de cacahuete en una sartén antiadherente a fuego fuerte, saltee 1 chile rojo en rodajas finas durante 1 minuto y, a continuación, añada los langostinos y 2 dientes de ajo picados finamente. Fríalo todo durante 2 minutos hasta que los langostinos estén hechos y de color rosa. Mézclelos con la ensalada y sírvala inmediatamente.

ensalada japonesa de fideos con ternera

4 raciones
tiempo de preparación
15 minutos, más tiempo
de marinado
tiempo de cocción **15 minutos**

2 **filetes de solomillo**,
de unos 250 g cada uno
150 g de **fideos finos
japoneses**
1 **rábano japonés** pequeño,
pelado y en juliana fina
2 **zanahorias**, peladas y en
juliana fina
½ **pepino**, pelado y en juliana
fina

para el **aliño**
1 **diente de ajo**, picado
finamente
2 cm de **jengibre fresco**, pelado
y picado
5 cucharadas de **salsa de soja**
4 cucharadas de **salsa de chile
dulce**
5 cucharaditas de **aceite
de sésamo**

para la **decoración**
5 **cebolletas**, en juliana fina
2 cucharadas de **semillas
de sésamo tostadas**

Prepare el aliño. Mezcle el ajo y el jengibre con la salsa de soja, la salsa de chile dulce y el aceite de sésamo. Ponga los filetes en un plato no metálico y añádales 2 cucharadas del aliño; reserve el resto. Tápelo y déjelo marinar durante al menos 2 horas, o preferiblemente durante toda la noche.

Lleve a ebullición una cacerola de agua con sal y cueza los fideos durante unos 5 minutos o hasta que estén hechos. Refrésquelos con agua fría, escúrralos y páselos a un cuenco.

Añada las verduras en el cuenco de los fideos.

Caliente una plancha a fuego fuerte y dore los filetes de solomillo durante 5 minutos por cada lado hasta que estén poco hechos (o más tiempo si los prefiere muy hechos). Déjelos reposar durante 5 minutos y córtelos en tiras finas. Eche el aliño por encima de la mezcla de fideos y verduras, añada el solomillo en tiras y mézclelo todo bien. Decore la ensalada con las cebolletas y las semillas de sésamo tostadas.

Para preparar la ensalada de fideos con salmón en costra de sésamo, mezcle 1 cucharada de semillas de sésamo negro, 1 cucharada de semillas de sésamo blanco y 1 cucharada de semillas de cilantro. Ponga 4 filetes pequeños de salmón, de unos 125 g cada uno, con el lado de la piel hacia arriba sobre la mezcla de semillas hasta que queden pegadas al pescado. Caliente 1 cucharada de aceite vegetal en una sartén grande a fuego medio y fría el salmón, con el lado de la piel hacia arriba, durante 1 minuto. Dele la vuelta y fríalo durante 4 minutos o hasta que esté hecho. Sírvalo con la ensalada de fideos, tal como se indica en la receta, decorada con hojas de cilantro.

ensalada italiana de brécol y huevo

4 raciones
tiempo de preparación
10 minutos
tiempo de cocción **8 minutos**

4 huevos
300 g de **brécol**
2 **puerros** pequeños,
de unos 300 g en total
ramitas de **estragón**,
para decorar (opcional)

para el **aliño**
4 cucharadas de **zumo de limón**
2 cucharadas de **aceite de oliva**
2 cucharaditas de **miel clara**
1 cucharadita de **alcaparras**
escurridas
2 cucharadas de **estragón**
picado
sal y **pimienta**

Llene a la mitad la base de una vaporera con agua, añada los huevos y lleve a ebullición. Tape la vaporera y hiérvalos a fuego lento durante 8 minutos o hasta que estén duros.

Al mismo tiempo, corte el brécol en cogollitos y retire los tallos. Limpie los puerros y córtelos en rodajas gruesas. Añada el brécol a la parte superior de la vaporera y cuézalo durante 3 minutos; a continuación agregue los puerros y hágalos 2 minutos más.

Prepare el aliño mezclando el zumo de limón, el aceite, la miel, las alcaparras y el estragón en una ensaladera. Sazónelo al gusto con sal y pimienta.

Dele un golpecito a los huevos, refrésquelos enseguida bajo el grifo de agua fría y pélelos. Píquelos toscamente.

Añada el brécol y los puerros al aliño, remuévalo y añada los huevos picados. Decore la ensalada con unas ramitas de estragón, si lo desea, y sírvala caliente con pan integral en rebanadas gruesas.

Para preparar la ensalada de brécol, panceta y piñones, corte 125 g de panceta en trozos de unos 5 mm-3 cm. Caliente una sartén y saltee la panceta, sin aceite, hasta que esté dorada y crujiente, y a continuación retire el exceso de grasa con papel de cocina. Saltee 4 cucharadas de piñones en una sartén sin aceite a fuego lento hasta que queden dorados y tostados. Mezcle la panceta con el brécol y los puerros, prepare el aliño tal como se indica en la receta y sirva la ensalada con los piñones por encima en lugar del huevo.

ensalada de pollo bang bang

4 raciones
tiempo de preparación
  15 minutos
tiempo de cocción **10 minutos**

50 g de **fideos secos**
¼ de **col rizada**, en juliana fina
1 **zanahoria**, picada finamente
½ **pepino**, picado finamente
zumo de 1 **lima**
100 g de **mantequilla
  de cacahuete**
3 cucharadas de **salsa de chile
  dulce**
1 cucharada de **salsa de soja**
1 cucharadita de **vinagre chino**
2 cucharadas de **aceite
  de sésamo**
2 cucharadas de **aceite vegetal**
3 **pechugas de pollo** cocidas,
  de unos 150 g cada una
3 **cebolletas** en juliana fina,
  para decorar

Lleve a ebullición una cacerola grande con agua y cueza los fideos durante 2 minutos. Refrésquelos con agua fría, escúrralos y páselos a una ensaladera grande.

Añada la col, la zanahoria, el pepino y el zumo de lima a los fideos.

Caliente ligeramente la mantequilla de cacahuete en una cacerola pequeña. Añádale la salsa de chile dulce, la salsa de soja, el vinagre, el aceite de sésamo y el aceite vegetal y bata la mezcla hasta que quede líquida (si es necesario, añádale un poco de agua caliente para obtener la consistencia deseada). Retire la salsa para que se enfríe un poco.

Trocee las pechugas de pollo, añada la carne a los fideos y mézclelo todo bien. Dispóngalo en platos para servir, vierta la salsa de cacahuete por encima y decore con cebolletas en juliana fina.

Para preparar la ensalada de fideos con broquetas de ternera picante, corte 800 g de filete de cadera en cuadrados de unos 2 cm. Mezcle 1 cucharada de jengibre molido, 1 cucharada de cilantro picado y 1 cucharada de semillas de comino machacadas con 3 dientes de ajo machacados, 1 cucharadita de chile seco machacado y unos 50 ml de aceite de oliva. Cubra la carne con esta mezcla y déjela marinar durante al menos 1 hora. Ensarte la carne en broquetas metálicas o de madera humedecidas y cocínelas en una barbacoa o en una parrilla precalentada durante 3 minutos por cada lado, hasta que estén hechas. Sírvalas con la ensalada de fideos y vierta el aliño por encima.

ensalada de mango y pollo ahumado

4 raciones
tiempo de preparación
15 minutos

2 **aguacates** maduros,
   cortados por la mitad,
   sin hueso y pelados
2 cucharadas de **zumo de limón**
1 **mango** pequeño
un puñado de **berros**
50 g de **remolacha cocida**,
   en juliana fina
175 g de **pollo ahumado**

para el **aliño**
3 cucharadas de **aceite de oliva**
1 cucharadita de **mostaza**
   a la antigua
1 cucharadita de **miel clara**
2 cucharaditas de **vinagre**
   de sidra
sal y **pimienta**

Corte el aguacate en rodajas o en dados y póngalo en un cuenco poco profundo con el zumo de limón.

Corte el mango por la mitad desde ambos lados del hueso, quítele la piel y corte la carne en rodajas o en dados.

Prepare el aliño. Bata el aceite, la mostaza, la miel y el vinagre. Sazónelo al gusto con sal y pimienta. Retire el aguacate del zumo de limón y mezcle el zumo con el aliño.

Sirva los berros y la remolacha en 4 platos o en una ensaladera y añada el aguacate y el mango. Vierta el aliño por encima de la ensalada y remueva para mezclarlo todo bien. Corte el pollo en rodajas finas y colóquelo sobre la ensalada. Sírvala inmediatamente.

Para preparar una ensalada de pollo ahumado, judías blancas y tomillo, enjuague y escurra 2 latas de 410 g de judías blancas y mézclelas con 250 g de tomates cherry, 100 g de roqueta, 60 g de aceitunas verdes sin hueso y 1 cucharada de tomillo picado. Prepare el aliño batiendo 1 cucharadita de mostaza de Dijon, 2 cucharadas de vinagre de sidra, 4 cucharadas de aceite de oliva y 1 cucharada de tomillo picado. Aliñe la ensalada y sírvala con 175 g de pollo ahumado en lonchas finas.

ensalada de pato, clementinas y tatsoi

4-6 raciones

tiempo de preparación
20 minutos

tiempo de cocción **15 minutos**

3 **pechugas de pato,**
de unos 225 g cada una
300 g de **judías verdes**, limpias
3 **clementinas**, peladas
y en trozos
200 g de **tatsoi** o **espinacas**

para el **aliño**
zumo de 2 **clementinas**
1 cucharada de **vinagre de vino
blanco**
4 cucharadas de **aceite de oliva**
sal y **pimienta**

Ponga las pechugas de pato, con el lado de la piel hacia abajo, en un plato frío resistente al horno y cocínelas a fuego medio durante 6 minutos o hasta que la piel esté crujiente y dorada. Deles la vuelta y hágalas 2 minutos más. Meta las pechugas de pato en el horno precalentado a 180 °C, o en el 4 si es de gas, y hornéelas durante 5 minutos, hasta que estén hechas. Retírelas del horno, cúbralas con papel de aluminio y déjelas reposar.

Al mismo tiempo, escalde las judías verdes en agua con sal durante 2 minutos, hasta que estén hechas pero sigan duras y de un color verde vivo. Escúrralas y refrésquelas en agua fría. Póngalas en una ensaladera grande junto con los trozos de clementina.

Prepare el aliño batiendo el zumo de clementina, el vinagre y el aceite en un cuenco pequeño. Sazónelo al gusto con sal y pimienta.

Añada el tatsoi o las espinacas a las judías y las clementinas, vierta el aliño por encima y mézclelo todo bien. Corte el pato en trozos, mézclelo con la ensalada y sírvala inmediatamente.

Para preparar un aliño de naranja y mostaza, otro aliño alternativo para esta ensalada, corte 2 naranjas por la mitad y colóquelas, con el lado de la pulpa hacia abajo, sobre una plancha. Hágalas hasta que estén doradas. Exprima el zumo de naranja en una cacerola pequeña y déjelo reducir a fuego medio durante 5 minutos, hasta que se espese un poco. Bátalo con 1 cucharada de mostaza a la antigua y 4 cucharadas de aceite de oliva. Deje que se enfríe ligeramente y sírvalo caliente.

ensalada de higos chumbos y jamón serrano

4 raciones

tiempo de preparación
15 minutos

4 **higos chumbos**
125 g de **queso halloumi**
4 lonchas de **jamón serrano**
50 g de **berros** o **mizuna**
1 **chile rojo** grande, sin semillas
   y en rodajas finas
2 cucharadas de **zumo de lima**
2 cucharadas de **aceitunas
   negras sin hueso**
un puñado de ramitas
   de **perifollo**
sal y **pimienta**

para el **aliño**
2 cucharadas de **aceite de oliva**
1 cucharada de **zumo
   de naranja**
1 cucharada de **vinagre de jerez**
una pizca de **chile machacado**

Con unos guantes de plástico, corte cada uno de los higos chumbos por la mitad y después en cuartos. Retíreles la piel si lo prefiere, teniendo mucho cuidado con sus pinchitos peludos.

Corte el queso halloumi en rodajas gruesas y ponga $^{1}/_{4}$ en el centro de cada uno de los platos para servir. Coloque el jamón serrano y los higos chumbos sobre el queso halloumi junto con los berros o mizuna. Eche el chile por encima de los platos y haga lo mismo con la sal y la pimienta y el zumo de lima. Distribuya unas aceitunas por el plato y añada el perifollo.

Prepare el aliño mezclando el aceite, el zumo de naranja, el vinagre y el chile machacado. Justo antes de servirla, vierta un poco del aliño por encima de la ensalada y sírvala de inmediato.

Para preparar una ensalada de peras, bresaola y queso dolcelatte, coloque unos 400 g de bresaola cortada en rodajas finas sobre una fuente grande de forma que las rodajas se superpongan ligeramente. Corte 2 peras en rodajas finas y mézclelas con 150 g de roqueta. Coloque las peras y la roqueta sobre la bresaola y vierta por encima vinagre balsámico y aceite de oliva. Desmenuce 100 g de queso dolcelatte por encima y sirva la ensalada.

ensalada de gambas, mango y aguacate

4 raciones

tiempo de preparación
10 minutos

1 **mango** grande, de unos
475 g, pelado y sin hueso
1 **aguacate** maduro, de unos
400 g, pelado y sin hueso
2 **lechugas romanas** grandes
16 **gambas cocidas** grandes,
peladas pero con las colas

para el **aliño**
zumo de 2 **limas**
1 cucharadita de **azúcar**
de palma
2 cucharadas de **aceite vegetal**
½ **chile**, sin semillas y en rodajas
finas

Corte el mango y el aguacate en trozos de 2 cm. Quite las hojas de fuera y corte los tallos de las lechugas, dejando los cogollos. Separe las hojas y añádalas al mango y al aguacate junto con las gambas.

Prepare el aliño batiendo el zumo de lima, el azúcar y el aceite junto con el chile. Agregue el aliño a la ensalada, remuévala para mezclarlo todo y sírvala inmediatamente.

Para preparar un aliño de mayonesa cremosa, un acompañamiento más lujoso para esta ensalada, mezcle 3 cucharadas de mayonesa (*véase* pág. 12), 2 cucharadas de nata para montar, 2 cucharaditasde salsa de tomate, 1 ½ cucharadita de salsa Worcestershire, 2-3 gotas de salsa Tabasco, 1 cucharada de zumo de limón y 1 cucharada de brandy. Sazónelo al gusto con sal y pimienta. Vierta el aliño por encima de la ensalada o vierta una cucharada de salsa en un lado de cada plato para mojar las gambas en ella.

ensalada de salmón
con corteza de sésamo

4 raciones

tiempo de preparación
25 minutos

tiempo de cocción **4-10 minutos**

4 **cebolletas**
2 **claras de huevo**
1 cucharada de **semillas de sésamo blanco**
1 cucharada de **semillas de sésamo negro**
500 g de **filete de salmón**
1 **escarola (endibia rizada)**, dividida en hojas
2 manojos de **berros**
sal y **pimienta**

para el **aliño**
3 cucharadas de **vinagre de vino blanco**
5 cucharadas de **aceite vegetal**
1 cucharada de **aceite de sésamo**
1 cucharada de **salsa de soja**
1 cucharadita de **azúcar blanquilla**
1 ramillete de **cebollino**, picado finamente

Corte las cebolletas en juliana fina y métalas en agua fría.

Bata ligeramente las claras de huevo. Mezcle las semillas de sésamo blanco y negro con sal y pimienta en un plato grande. Meta el filete de salmón en las claras de huevo y recúbralo con las semillas de sésamo. Dele unos golpecitos al salmón hasta conseguir una cobertura uniforme. Ponga el salmón en una plancha caliente y cocínelo 2 minutos por cada lado si quiere que quede poco hecho, o 5 minutos para que quede más hecho.

Prepare el aliño mezclando el vinagre, los aceites, la salsa de soja, el azúcar blanquilla y el cebollino. Mezcle las hojas de escarola y los berros junto con el aliño. Disponga las hojas en una fuente grande para servir.

Corte el filete de salmón en rodajas finas y colóquelas sobre la ensalada. Escurra las cebolletas, séquelas con papel de cocina y añádalas sobre el salmón. Sirva la ensalada inmediatamente.

Para preparar la ensalada de sashimi de salmón,

ralle 1 remolacha cruda y 2 zanahorias y mézclelas con 100 g de roqueta. Prepare el aliño tal como se indica en la receta. Mezcle 1 cucharada de semillas de sésamo blanco y 1 cucharada de semillas de sésamo negro. Corte 2 filetes de salmón fresco sin piel, de unos 150 g cada uno, en rodajas tan finas como sea posible, y dispóngalas en platos individuales. Vierta el aliño por encima de la ensalada, decórela con las semillas de sésamo y sírvala con el salmón.

larb de cerdo

4 raciones

tiempo de preparación
 15 minutos

tiempo de cocción **15 minutos**

1 cucharada de **aceite
 de cacahuete**

2 cm de **jengibre fresco**, pelado
 y picado finamente

2 tallos blancos de **citronela**,
 picados

3 **hojas de lima kaffir**, finamente
 picadas

600 g de **carne picada de cerdo**

2 cucharadas de **salsa de
 pescado tailandesa (nam pla)**

zumo de 1 ½ **lima**

½ **pepino**

1 **lechuga iceberg**

para la **decoración**

30 g de **cacahuetes tostados**,
 troceados

un puñadito de **menta**, finamente
 picada

un puñadito de **cilantro**,
 finamente picado

1 **chile rojo**, sin semillas
 y finamente picado

Caliente el aceite en una sartén grande y antiadherente o en un wok a fuego fuerte; añada el jengibre, el chile, la citronela y las hojas de lima y fríalo todo durante 1 minuto.

Añada el cerdo y saltéelo durante 4-5 minutos, hasta que quede dorado y esté hecho. Añada salsa de pescado y zumo de lima al gusto y retire la sartén del calor.

Corte el pepino en tiras muy finas y dispóngalas en platos para servir al lado de una hoja de lechuga. Sirva el cerdo sobre la lechuga y decore la ensalada con los cacahuetes picados, las hierbas y el chile rojo.

Para preparar el plato tradicional tailandés sang choy bow, en lugar de cortar la lechuga iceberg en porciones parta las hojas en forma de cáliz. Haga el cerdo tal como se indica en la receta y ponga la mezcla en los cálices de lechuga. Decórelos con 30 g de cacahuetes picados y hojas de menta y cilantro y sírvalos enseguida.

ensalada de fideos con chipirones y cacahuetes

4 raciones
tiempo de preparación
25 minutos, más tiempo
de reposo
tiempo de cocción **15 minutos**

175 g de **fideos de arroz finos**
500 g de **chipirones** limpios
3 **chiles rojos**, sin semillas
y picados finamente
3 **dientes de ajo**, machacados
2 cucharadas de **cilantro** picado,
más unas hojas adicionales
para servir
3 cucharadas de **aceite**
de cacahuete
175 g de **cacahuetes**
125 g de **judías verdes**,
cortadas
3 cucharadas de **salsa de**
pescado tailandesa (nam pla)
1 cucharadita de **azúcar**
blanquilla
3 cucharadas de **zumo de limón**
unos **gajos gruesos de lima**,
para servir (opcional)

Ponga a remojo los fideos en agua hirviendo durante 5-8 minutos o hasta que estén blandos. Escúrralos y aclárelos con agua fría.

Abra los chipirones por la mitad longitudinalmente y practique unos cortes diagonales en forma de cruz en la parte inferior.

Mezcle los chiles con el ajo y el cilantro. Remuévalo todo junto con los trozos de chipirón y déjelo reposar durante 20 minutos.

Caliente el aceite en un wok y tueste los cacahuetes durante 2-3 minutos, hasta que estén dorados. Retírelos del aceite y resérvelos. Añada los chipirones al aceite y saltéelos rápidamente durante 2-3 minutos o hasta que hayan empezado a doblarse y a volverse blancos. Resérvelos junto con los cacahuetes.

Saltee las judías verdes durante 2 minutos. Mezcle la salsa de pescado, el azúcar, el zumo de limón y 3 cucharadas de agua y cocínelo durante 1 minuto más. Retire la sartén del calor, añada los fideos escurridos y remueva. Añada los cacahuetes, los chipirones y las hojas de cilantro y remueva. Sirva la ensalada fría o caliente con unos gajos gruesos de lima.

Para preparar la ensalada de pollo con lima y chile dulce, elabore esta ensalada de fideos tal como se indica en la receta, pero sin los chipirones y añadiendo el chile, el ajo y el cilantro a la ensalada al final. Mezcle 3 cucharadas de salsa de chile dulce y la ralladura y el zumo de 1 lima. Pinte 4 pechugas de pollo, de unos 150 g cada una, con parte de la mezcla. Ponga el pollo, con el lado de la piel hacia arriba, sobre una bandeja para el horno cubierta con papel de aluminio y hágalo en el grill precalentado durante 8-10 minutos. Vuelva a pintar el pollo con más mezcla y cocínelo durante 5 minutos hasta que esté crujiente y listo. Corte el pollo y sírvalo encima de la ensalada.

ensalada de tofu marinado y setas

4 raciones
tiempo de preparación
15 minutos, más tiempo
de marinado
tiempo de cocción **5 minutos**

250 g de **tofu duro**
500 g de **setas**, incluidas **enoki,
shiitake, oreja de madera**
y de **ostra**

para el **marinado**
1 **diente de ajo**, picado
finamente
2 cm de **jengibre fresco,**
pelado y en rodajas finas
5 cucharadas de **salsa de soja**
1 cucharada de **mirin
(vino de arroz)**
2 cucharadas de **salsa de chile
dulce**
1 ½ cucharadas de **aceite
de sésamo**
2 **anises estrellados**

para la **decoración**
5 **cebolletas**, en juliana fina
2 cucharadas de **semillas
de sésamo tostadas**

Prepare el marinado. Mezcle el ajo y el jengibre con la salsa de soja, el mirin, la salsa de chile dulce y el aceite. Agregue el anís estrellado. Ponga el tofu en un plato no metálico, vierta el marinado por encima, tápelo y déjelo en la nevera al menos 2 horas o durante toda la noche si es posible.

Corte las setas en trozos del tamaño de un bocado y saltéelas en una cacerola caliente durante 1 minuto. Corte en tofu marinado en cuadrados de unos 2 cm, mézclelos con las setas y vierta por encima el marinado restante. Decore la ensalada con las cebolletas en juliana fina y las semillas de sésamo y sírvala inmediatamente.

Para preparar la ensalada de tofu y arroz, cueza 200 g de arroz para sushi durante el tiempo que indiquen las instrucciones del paquete. Cuando el arroz todavía esté caliente, sazónelo con 100-150 ml de condimento para sushi. Corte 500 g de setas variadas en trozos del tamaño de un bocado, cocínelas un poco y a continuación mézclelas con el arroz junto con 1 zanahoria cortada en juliana y un puñado de cebolletas picadas finamente. Mezcle bien la ensalada, decórela con tofu frito en rodajas finas y con semillas de sésamo tostadas y sírvala inmediatamente.

ensalada de pato, avellanas y melocotón

4 raciones

tiempo de preparación
   15 minutos

tiempo de cocción **30 minutos**

3 **pechugas de pato**,
   de unos 200 g cada una
4 **melocotones**
60 g de **avellanas tostadas**,
   picadas finamente
125 g de **roqueta**

para el **aliño**
1 cucharadita de **mostaza
   de Dijon**
2 cucharadas de **vinagre
   balsámico**
4 cucharadas de **aceite
   de avellana**
sal y pimienta

Ponga una plancha en el fuego hasta que esté muy caliente y cocine el pato, con el lado de la piel hacia abajo, durante 4 minutos o hasta que esté dorado. Dele la vuelta, hágalo 2 minutos más y después páselo al horno precalentado a 190 °C, o en el 5 si es de gas, y cocínelo durante 6-8 minutos, hasta que esté hecho. Sáquelo del horno, tápelo con papel de aluminio y déjelo reposar.

Mientras tanto, corte los melocotones por la mitad y quíteles el hueso. Caliente una plancha a fuego medio, ponga las mitades de melocotón con el lado de la pulpa hacia abajo y hágalas hasta que tomen un color amarillo dorado. Corte los melocotones en gajos y mézclelos en un cuenco con las avellanas y la roqueta.

Prepare el aliño batiendo la mostaza, el vinagre y el aceite. Sazónelo al gusto con sal y pimienta.

Corte el pato en tajadas finas y añádalo a la ensalada. Eche el aliño por encima, remuévalo y sirva la ensalada.

Para preparar la ensalada de pato, espárragos y avellanas, ponga 4 muslos de pato en una bandeja para el horno y sazónelos con sal y pimienta. Cocine los muslos de pato en el horno precalentado a 160 °C, o en el 3 si es de gas, durante 45-60 minutos o hasta que estén hechos pero sin que queden secos. Retire las partes duras de un puñado de espárragos y ponga las puntas en una bandeja para el horno. Cocínelas en el grill precalentado durante 3-4 minutos. Sáquelas del grill y colóquelas en un cuenco junto con 60 g de avellanas tostadas picadas toscamente y 125 g de roqueta. Eche el aliño por encima y remuévalo para mezclarlo todo bien. Sirva la ensalada acompañada del pato.

ensalada de codornices, ciruelas y anacardos

4 raciones
tiempo de preparación
20 minutos
tiempo de cocción **12 minutos**

4 **codornices**, cortadas
   y abiertas por la mitad
2 cucharadas de **salsa**
   de ciruelas (*véase* pág. 15)
4 **ciruelas**, en cuartos y sin hueso
100 g de **canónigos**
50 g de **anacardos tostados**

para el **aliño**
1 **chile rojo**
1 ½ cucharadas de **salsa**
   de ciruelas
zumo de 1 ½ **lima**
2 cucharadas de **aceite**
   de girasol

Ponga las codornices en una bandeja para el horno cubierta con papel de aluminio y píntelas con un poco de salsa de ciruela. Métalas en el grill precalentado durante 5-6 minutos por cada lado, hasta que estén hechas y doradas. Corte cada una de ellas en 4 partes iguales y póngalas en una ensaladera grande.

Al mismo tiempo, prepare el aliño mezclando el chile, la salsa de ciruela, el zumo de lima y el aceite.

Ponga las ciruelas, los canónigos y los anacardos en el cuenco con los trozos de codorniz. Añada el aliño, remuévalo para mezclarlo todo bien y sirva la ensalada inmediatamente.

Para preparar la ensalada de codornices crujientes con soja y pera, quite las semillas y pique finamente 1 chile rojo y mézclelo en un cuenco con 100 ml de salsa de soja, 2 cucharadas de azúcar moreno y el zumo y la ralladura de 1 naranja. Pele y pique toscamente 1 cm de jengibre fresco y agréguelo junto con 1 anís estrellado. Marine 4 codornices cortadas y abiertas por la mitad en esa mezcla durante la noche. Corte 2 peras en rodajas y póngalas en una ensaladera grande junto con 100 g de canónigos y 1 pimiento rojo en juliana fina. Saque las codornices del marinado, póngalas en una bandeja para el horno cubierta con papel de aluminio y cocínelas en el grill precalentado durante 4 minutos por cada lado hasta que queden hechas y crujientes. Sazónelas con sal y pimienta. Remueva la ensalada con el aliño que se indica en la receta y sírvala decorada con 50 g de anacardos tostados.

ensalada de pollo y espárragos

2 raciones
tiempo de preparación
10 minutos
tiempo de cocción **5 minutos**

150 g de **espárragos**, cortados
en trozos de 5 cm de largo
200 g de **pechuga de pollo
ahumada**
125 g de **tomates cherry**,
cortados por la mitad
300 g de **judías blancas de lata**,
escurridas y aclaradas
un puñado de **cebollino**, picado

para el **aliño**
2 cucharadas de **aceite de oliva**
2 cucharaditas de **miel clara**
2 cucharaditas de **vinagre
balsámico**
2 cucharaditas de **mostaza
a la antigua**
1 **diente de ajo**

Cueza los espárragos en una cacerola grande con agua
con sal durante 4 minutos o hasta que estén tiernos.
Escúrralos y métalos en agua fría para cortarles la cocción.
Séquelos con papel de cocina.

Corte el pollo en trozos del tamaño de un bocado y añádalo
en una ensaladera grande. Incorpore los tomates, las judías,
los espárragos y el cebollino picado y mézclelo todo bien.

Prepare el aliño batiendo el aceite, la miel, el vinagre y
la mostaza con el ajo picado en un cuenco pequeño. Vierta
el aliño por encima de la ensalada y remueva para mezclarlo.

**Para preparar la ensalada de pollo, espárragos y queso
halloumi**, cueza 150 g de espárragos tal como se indica
en la receta y resérvelos. Caliente una plancha y dore
4 pechugas de pollo, de unos 150 g cada una, durante
5-6 minutos por cada lado o hasta que estén hechas.
Resérvelas y cúbralas con papel de aluminio para que
conserven el calor. Corte 250 g de queso halloumi en
rodajas de 5 mm y fríalo durante 2 minutos por cada lado,
hasta que quede crujiente y dorado. Mezcle 1 cucharadita
de mostaza de Dijon, 3 cucharadas de zumo de limón,
4 cucharadas de aceite de oliva y 2 cucharadas de estragón
picado toscamente en un cuenco pequeño. Corte el pollo
en tajadas y dispóngalo en platos para servir junto con el
queso halloumi y los espárragos. Vierta el aliño por encima
y sirva la ensalada.

ensalada de pato y soja

4 raciones

tiempo de preparación
10 minutos

500 g de **pato pequinés**
200 g de **soja cocida**
1 **pepino**, en juliana fina
5 **cebolletas**, en juliana muy
   fina, y cebolletas adicionales
   para decorar
pimienta de Sichuan,
   para decorar

para el **aliño**
2 cucharadas de **salsa hoisin**
4 cucharadas de **salsa de soja**
zumo de 1 **lima**

Desmenuce el pato y mézclelo con la soja, el pepino
y las cebolletas en una ensaladera grande.

Prepare el aliño batiendo las salsas hoisin y de soja
y el zumo de lima en un cuenco pequeño. Vierta el aliño
por encima de la ensalada de pato y remueva para
mezclarlo bien. Decore la ensalada con unas cebolletas
y un poco de pimienta de Sichuan y sírvala inmediatamente.

Para preparar la ensalada de salmón hervido y soja,
escalde 300 g de judías verdes, 200 g de guisantes
y 200 g de soja en agua con sal. Refresque las verduras
en agua fría y resérvelas. Lleve a ebullición una cacerola
de agua con sal. Ponga en el agua 3 filetes de salmón
sin piel ni espinas, de unos 175 g cada uno. Baje el fuego
hasta que el agua hierva a fuego lento y cueza el salmón
durante 3-4 minutos, hasta que quede rosado por el centro.
Sáquelo del agua y deje que se enfríe. Corte ½ pepino
en daditos y mézclelo con las verduras escaldadas y con
75 g de roqueta. Desmenuce el salmón con las verduras.
Bata 2 cucharadas de salsa de chile dulce, 2 cucharadas
de salsa de soja y el zumo de 1 lima. Vierta el aliño por
encima de la ensalada y sírvala inmediatamente.

ensalada de langostinos, cacahuetes y pomelo

4 raciones
tiempo de preparación
   15 minutos
tiempo de cocción **1-2 minutos**

1 **pomelo** grande
125 g de **cacahuetes**, tostados
   y toscamente picados
175 g de **langostinos crudos**,
   pelados
4 **cebolletas**
6 hojas de **menta**
2 cucharadas de **zumo de uva**
½ cucharada de **salsa de
   pescado tailandesa (nam pla)**
1 **chile rojo** grande, sin semillas
   y en rodajas finas
un puñado de **chile machacado
   o pimienta negra**
un puñado de **nuez moscada**
   molida
4-5 hojas de **escarola** o lollo rojo

Corte el pomelo por la mitad y sáquele los gajos y el zumo. Tire la médula fibrosa y la piel gruesa que envuelve cada gajo y desmenuce la pulpa en trocitos. Agregue los cacahuetes a la pulpa del pomelo. Resérvelo para que se mezclen los sabores.

Lleve a ebullición agua en una cacerola y cueza los langostinos a fuego lento durante 1-2 minutos o hasta que se vuelvan rosados y estén hechos. Retírelos con una espumadera y escúrralos bien.

Pique las cebolletas y las hojas de menta en juliana fina. Añada los langostinos a la pulpa del pomelo junto con el zumo de uva, la salsa de pescado, las cebolletas y la menta.

Añada el chile rojo, el chile machacado o la pimienta y la nuez moscada a la ensalada y remueva. Recubra el interior de un cuenco con hojas de ensalada y ponga la mezcla de langostinos y pomelo. Sírvalo inmediatamente.

Para preparar la ensalada de langostinos y pomelo con fideos chinos, ponga 150 g de fideos chinos en un cuenco grande y cúbralos con agua hirviendo. Déjelos reposar durante 5 minutos o hasta que los fideos estén hechos. Bata el zumo de 1 lima, 1 cucharada de salsa de chile dulce y 1 cucharadita de salsa de pescado. Escurra los fideos y vierta el aliño por encima. Remueva para mezclarlo todo bien. Prepare el resto de la ensalada tal como se indica en la receta, pero omitiendo el paso de las hojas de ensalada. Remueva todos los ingredientes, decore la ensalada con cacahuetes y hierbas picadas toscamente y sírvala inmediatamente.

ensalada de cordero especiado y cuscús

4 raciones

tiempo de preparación
30 minutos, más tiempo
de marinado
tiempo de cocción **15 minutos**

400 g de **cordero**
2 cucharaditas de **ras el hanout**
3 cucharadas de **aceite vegetal**
200 g de **cuscús**
200 ml de **caldo de pollo**
caliente
un puñadito de **cilantro**
2 **limones en conserva**
50 g de **orejones**, picados
25 g de **pasas de Corinto**
sal y **pimienta**

para el **aliño**
4 cucharadas de **yogur**
¼ cucharadita de **ras el hanout**
1 cucharada de **cilantro** picado
2 cucharadas de **zumo de limón**

Corte el cordero en dados de 2,5 cm. Mezcle el ras el hanout y el aceite vegetal y marine el cordero durante al menos 1 hora o durante toda la noche si es posible.

Ensarte la carne en broquetas metálicas o de madera previamente humedecidas; ponga unos 6 trozos de cordero en cada una.

Mientras tanto, ponga el cuscús en un cuenco, añada el caldo de pollo caliente, tápelo y déjelo reposar. Pique el cilantro; reserve algunas hojas como decoración. Quite la piel a los limones en conserva y píquela finamente y pique también los albaricoques. Añada el limón en conserva al cuscús cocido junto con el cilantro, los albaricoques y las pasas de Corinto; sazone con sal y pimienta y mézclelo todo con cuidado.

Prepare el aliño mezclando todos los ingredientes en un cuenco pequeño. Resérvelo.

Cocine las broquetas de cordero en una plancha caliente durante 3-4 minutos por cada lado o hasta que estén hechas. Ponga el cuscús en platos para servir, cada uno de ellos con 2-3 broquetas y un poco del aliño de yogur.

Para preparar la ensalada de cuscús vegetariana, prepare el cuscús pero utilizando 200 ml de caldo vegetal caliente. Corte por la mitad longitudinalmente 5 berenjenas tailandesas, vierta aceite de oliva por encima y cocínelas en una plancha caliente. Resérvelas. Corte 2 calabacines en tiras alargadas y 1 boniato pequeño en tiras y hágalo a la plancha. Ponga las verduras en una bandeja para el horno, vierta aceite de oliva, sal y pimienta y métalas en el horno precalentado a 190 °C, o 5 si es gas, durante 15 minutos hasta que queden tiernas. Sirva las verduras con el cuscús y el aliño de yogur.

ensalada de apio, alcachofas y pollo

4-6 raciones
tiempo de preparación
15 minutos
tiempo de cocción **5 minutos**

6 rebanadas finas de **pan
de centeno**
2 cucharadas de **aceite de oliva**
1 **apio** con hojas
100 g de **corazones de
alcachofa** de lata, escurridos
y a la parrilla
2 cucharadas de **perejil** picado
toscamente
3 **pechugas de pollo** ahumadas,
de unos 100 g cada una
sal y **pimienta**

para el **aliño**
1 cucharadita de **mostaza
de Dijon**
2 cucharadas de **vinagre de vino
blanco**
4 cucharadas de **aceite de oliva**

Disponga las rebanadas de pan de centeno en una bandeja
para el horno. Vierta encima aceite de oliva, sazónelas
con sal y pimienta y métalas al horno precalentado a 190 °C,
o en el 5 si es de gas, durante 5 minutos hasta que estén
crujientes como picatostes. Sáquelas del horno y resérvelas.

Retire las hojas del apio; reserve las hojas interiores. Corte
3 tallos en rodajas finas y póngalas en una ensaladera grande
junto con sus hojas; añada las alcachofas y el perejil.

Corte las pechugas de pollo ahumado en rodajas finas
y agréguelas a la ensaladera con el apio y las alcachofas.

Prepare el aliño batiendo la mostaza, el aceite y el vinagre.
Viértalo por encima de la ensalada y mézclelo con cuidado.

Coloque una rebanada de pan de centeno tostado en cada
plato para servir y distribuya encima un poco de ensalada.

**Para preparar la ensalada de pollo ahumado y judías
blancas**, escurra y aclare 410 g de judías blancas en lata
y póngalas en una ensaladera grande. Añada 75 g de tomates
secos, 100 g de judías verdes escaldadas, 100 g de alcachofas
a la parrilla y 3 pechugas de pollo ahumadas troceadas
toscamente, de unos 100 g cada una. En un cuenco
pequeño bata 1 cucharada de perejil picado, 1 cucharada
de albahaca picada, 1 cucharadita de estragón picado,
1 diente de ajo machacado, 2 cucharadas de vinagre
de Chardonnay y 4 cucharadas de aceite de oliva. Sazónelo
con sal y pimienta. Remueva a la ensalada con el aliño
y sírvala.

ensalada de ternera y pepino

4 raciones
tiempo de preparación
  15 minutos, más tiempo
  de reposo
tiempo de cocción **12 minutos**

2 **filetes magros de cadera
  o solomillo**, de unos 150 g
  cada uno
150 g de **mazorquitas de maíz**
1 **pepino** grande
1 **cebolla roja** pequeña, picada
  finamente
3 cucharadas de **hojas
  de cilantro** picadas
4 cucharadas de **vinagre de vino
  de arroz**
4 cucharadas de **salsa de chile
  dulce**
2 cucharadas de **semillas
  de sésamo**, para decorar

Ponga los filetes en una plancha caliente y cocínelos durante
3-4 minutos por cada lado. Déjelos reposar 10-15 minutos
y, a continuación, córtelos en tajadas finas.

Ponga las mazorquitas en una cacerola con agua hirviendo
y cuézalas durante 3-4 minutos o hasta que estén tiernas.
Refrésquelas con agua fría y escúrralas bien.

Corte el pepino por la mitad longitudinalmente y quítele
las semillas con una cucharilla. Corte el pepino en rodajas
de 5 mm.

Ponga la cebolla en una ensaladera grande junto con
la ternera, las mazorquitas, el pepino y el cilantro picado.
Agregue el vinagre de vino de arroz y la salsa de chile
y mézclelo todo bien. Decore la ensalada con semillas
de sésamo tostadas y sírvala.

**Para preparar la ensalada de ternera con chalotas
asadas**, pele unas 20 chalotas y colóquelas en una bandeja
para el horno. Vierta aceite de oliva por encima y sazónelas
con sal y pimienta. Áselas en el horno precalentado a
190 °C, o en el 5 si es de gas, durante 20 minutos, hasta
que estén blandas y doradas. En un cuenco pequeño,
mezcle 1 cucharadita de mostaza de Dijon, 2 cucharadas
de vinagre de Cabernet Sauvignon, 1 cucharada de
tomillo picado y 4 cucharadas de aceite de oliva. Haga
los filetes tal como se indica en la receta y déjelos reposar.
A continuación, córtelos en tajadas finas y mezcle la carne
con las chalotas asadas y con 150 g de berros. Vierta
el aliño por encima y sirva el plato inmediatamente.

ensalada de cerdo, gambas y pomelo

4 raciones
tiempo de preparación
   20 minutos
tiempo de cocción
   10-15 minutos

250 g de **panceta de cerdo**
2 **pomelos**, pelados y en gajos
200 g de **gambas cocidas**
   y peladas
un puñadito de **menta**, separado
   en hojas
un puñadito de **cilantro**, picado
   finamente
un puñadito de **albahaca**
   tailandesa, picada finamente
3 cucharadas de **cacahuetes**
   tostados picados toscamente,
   para decorar

para el **aliño**
6 cucharadas de **azúcar**
   de palma
zumo de 2 **limas**
2 cucharadas de **salsa de**
   pescado tailandesa (nam pla)
2 cucharadas de **agua**

Corte la panceta de cerdo en trozos de 2 cm-5 mm. Caliente una sartén a fuego fuerte y haga la panceta durante 4 minutos, hasta que esté crujiente y dorada; a continuación, elimine el exceso de grasa con papel de cocina.

Prepare el aliño. Ponga el azúcar en una cacerola pequeña de base gruesa y cuézalo 4 minutos a fuego medio hasta que borbotee y se haya vuelto de color caramelo. Con cuidado, porque podría chisporrotear, agregue el zumo de lima, la salsa de pescado y el agua. Apártelo del fuego y resérvelo para que se enfríe ligeramente.

Mezcle los gajos de pomelo, las gambas, las hierbas y la panceta de cerdo frita en una ensaladera grande. Dele unas vueltas y páselo a los platos para servir. Vierta el aliño de caramelo por encima, decore con cacahuetes tostados y sirva la ensalada.

Para preparar una ensalada de cerdo, gambas, pomelo y chalotas, añada chalotas fritas al plato anterior. Puede comprarlas ya preparadas en tiendas de alimentación asiática o hacerlas usted mismo. Caliente 500 ml de aceite vegetal en una sartén de base gruesa o en un wok a 160 °C y añada 3 chalotas en juliana fina, sin parar de remover para que se hagan por igual. Cuando estén doradas, sáquelas del aceite con una espumadera y retireles el exceso de grasa con papel de cocina. Añádalas a la ensalada anterior con el pomelo, las gambas, la panceta y las hierbas.

ensaladas
calientes

ensalada de tomate al horno y espárragos

4 raciones

tiempo de preparación
20 minutos

tiempo de cocción **2 horas**

2 **tomates** grandes

6 cucharadas de **aceite de oliva**

2 **dientes de ajo**

4 ramitas de **tomillo**

un puñado de **ajo silvestre**, toscamente picado

½ ramillete de **albahaca**, toscamente picada

1 cucharada de **vinagre de vino blanco**

20 **puntas de espárrago**, limpias

30 g de **roqueta**

queso parmesano rallado, para servir

sal y **pimienta**

Corte los tomates por la mitad horizontalmente y colóquelos, con el lado de la pulpa hacia abajo, en una bandeja para el horno. Eche ½ cucharadita de aceite de oliva sobre cada uno de ellos y sazónelos con sal y pimienta, medio diente de ajo machacado y una ramita de tomillo. Cocínelos en el horno precalentado a 110 °C, o en ¼ si es de gas, durante al menos 2 horas. Deberían quedar algo deshidratados pero jugosos.

Pique el ajo silvestre, la albahaca y 5 cucharadas de aceite de oliva en un robot de cocina. El ajo no debería deshacerse del todo. Póngalo en un cuenco y añada el vinagre. Sazónelo con sal y pimienta.

Coloque los espárragos en un plato y vierta por encima ½ cucharada de aceite. Sazónelos con sal y pimienta. Caliente una plancha a fuego fuerte y cueza los espárragos durante unos 5 minutos; deles la vuelta cada 1-2 minutos. Vuelva a poner los espárragos en el plato, tápelos con film transparente y deje que se hagan un poco más al vapor.

Saque los tomates del horno y póngalos en platos para servir. Coloque 5 espárragos sobre cada tomate y vierta un poco de aliño de ajo por encima. Sírvalos con la roqueta y con un poco de queso parmesano espolvoreado.

Para preparar la ensalada de pasta con tomate y mozzarella, cueza 250 g de macarrones hasta que estén tiernos, refrésquelos en agua fría, vierta encima aceite de oliva y resérvelos. Corte 2 tomates grandes en trozos y mézclelos con la pasta. Vierta aceite de oliva, 2 cucharadas de vinagre balsámico y sal y pimienta. Mézclelo con ½ ramillete de hojas de albahaca desmenuzadas y 2 bolas de mozzarella, de unos 150 g cada una, en 2-3 trozos, y sirva la ensalada.

ensalada de garbanzos y pimiento

4 raciones
tiempo de preparación
25 minutos
tiempo de cocción **35 minutos**

2 botes de 410 g de **garbanzos**
2 **pimientos rojos**, sin semillas
y cortados por la mitad
1 **pimiento amarillo**, sin semillas
y cortado por la mitad
1 **cebolla roja**, en cuartos
pero unida por la raíz
4 **tomates pera**, cortados
en gajos
aceite de oliva
2 cucharadas de **semillas**
de hinojo
un puñadito de **perejil** picado
sal y **pimienta**
tzatziki (*véase* derecha),
para servir

para el **aliño**
4 cucharadas de **vinagre**
de jerez
3 cucharadas de **aceite de oliva**
1 **diente de ajo**, machacado
½ cucharadita de **comino**
molido

Enjuague los garbanzos con agua fría y escúrralos. Quite el pedúnculo y las semillas a los pimientos y córtelos en tiras de 2 cm. Corte la cebolla por la mitad y cada una de las mitades en cuartos; deje la raíz para que los gajos sigan pegados.

Vierta aceite de oliva y sal y pimienta sobre los pimientos, la cebolla y los tomates. Caliente una plancha a fuego fuerte y cueza los pimientos durante 2 minutos por cada lado. Corte los pimientos y póngalos en un plato resistente al horno y cueza la cebolla del mismo modo. Coloque la cebolla y los tomates con los pimientos, ponga semillas de hinojo por encima y hágalos en el horno precalentado a 180 °C, o en el 4 si es de gas, durante 20 minutos, hasta que estén hechos.

Al mismo tiempo, prepare el aliño. Bata el vinagre y el aceite con el ajo machacado y el comino.

Ponga los garbanzos escurridos en una ensaladera grande y agregue las verduras calientes y el perejil picado. Sazónelo todo al gusto con sal y pimienta, agregue el aliño y remueva para mezclarlo todo bien. Sírvalo con 1 cucharada de *tzatziki*, si lo desea (*véase* receta a continuación).

Para preparar el *tzatziki*, para servirlo con la ensalada anterior, corte un pepino por la mitad longitudinalmente y quítele las semillas con la ayuda de una cuchara. Pique finamente su pulpa y mézclela con 250 ml de yogur griego, 1 diente de ajo machacado, 1 cucharada de aceite de oliva, 2 cucharadas de menta picada y 1 cucharada de zumo de limón. Sazónelo al gusto con sal y pimienta, tápelo y déjelo en la nevera durante al menos 1 hora antes de servirlo.

134

ensalada de vieiras, chirivía y zanahoria

4 raciones
tiempo de preparación
15 minutos
tiempo de cocción **30 minutos**

4 **zanahorias**, cortadas en
cuartos longitudinalmente
3 **chirivías**, cortadas en cuartos
longitudinalmente
2 cucharadas de **aceite de oliva**
1 cucharada de **semillas
de comino**
12 **vieiras** frescas grandes
2 cucharadas de **zumo de limón**
sal y **pimienta**
perejil picado, para decorar

para el **aliño**
2 cucharadas de **yogur natural**
2 cucharadas de **zumo de limón**
2 cucharadas de **aceite de oliva**
1 cucharadita de **comino molido**

Ponga las zanahorias y las chirivías en una bandeja para
el horno recubierta de papel de aluminio. Vierta 1 cucharada
de aceite y las semillas de comino por encima, sazónelo todo
con sal y pimienta y cueza las verduras en el horno precalentado
a 180 °C, o en el 4 si es de gas, durante 20-25 minutos.

Al mismo tiempo, prepare el aliño. Mezcle el yogur, el zumo
de limón, el aceite y el comino molido en un cuenco pequeño.
Sazónelo al gusto con sal y pimienta.

Limpie las vieiras y quíteles la parte dura que tiene la carne
blanca. Caliente el aceite restante en una sartén grande
y fría las vieiras 2 minutos por cada lado hasta que estén
hechas. Vierta el zumo de limón por encima y pase las vieiras
y los jugos de la cocción a una ensaladera grande.

Añada las zanahorias y las chirivías a la ensaladera y mézclelo
todo. A continuación, páselo a un plato para servir, vierta
el aliño de yogur por encima, decore la ensalada con perejil
y sírvala.

Para preparar la ensalada de vieiras y zanahorias al curry,
ase 4 zanahorias y 3 chirivías tal como se indica en la receta,
pero sin el comino. Mezcle 1 cucharada de curry en polvo con
500 ml de leche y 60 g de mantequilla. Deshaga 2 cucharadas
de harina de maíz con un poco de leche y agréguelo a la
mezcla anterior. Pase la mezcla a una cacerola pequeña
de base gruesa y llévela a ebullición, sin dejar de remover
para que no se formen grumos. Cuando haya obtenido una
salsa espesa y homogénea, agregue las vieiras y deje que
se hagan durante 3 minutos. Pase las zanahorias y las chirivías
a una fuente para servir, coloque las vieiras encima y sirva
la ensalada con la salsa.

ensalada asiática con salmón

4 raciones
tiempo de preparación
20 minutos
tiempo de cocción **8-10 minutos**

150 g de **arroz de grano largo**
4 **filetes de salmón**, de unos
125 g cada uno
3 cucharadas de **salsa tamari**
100 g de **guisantes dulces**,
cortados por la mitad
1 **zanahoria** grande, cortada
en palitos
4 **cebolletas**, en rodajas finas
100 g de **soja germinada**
6 cucharadas de **aceite
de girasol**
3 cucharadas de **semillas
de sésamo**
2 cucharaditas de **salsa
de pescado tailandesa
(nam pla) (opcional)**
2 cucharaditas de **vinagre
de arroz o vinagre de vino
blanco**
un puñadito de **cilantro
o albahaca**, con las hojas
troceadas toscamente

Llene una cacerola con la mitad de agua y llévela a ebullición.
Añada el arroz y cuézalo a fuego lento durante 8 minutos.

Al mismo tiempo, ponga el salmón en una rejilla para el
horno cubierta con papel de aluminio y vierta por encima
1 cucharada de salsa tamari. Cocínelo en el grill precalentado
durante 8-10 minutos, dándole la vuelta una vez, hasta que
el pescado está dorado y sus virutas se separen fácilmente.

Añada los guisantes dulces al arroz y hágalos durante
1 minuto. Escúrralos, aclárelos con agua fría y vuelva
a escurrirlos. Póngalos en una ensaladera. Agregue la
zanahoria, las cebolletas y la soja germinada a la ensaladera.

Caliente 1 cucharadita de aceite en una sartén antiadherente
y fría las semillas de sésamo hasta que empiecen a dorarse.
Añada 1 cucharada de salsa tamari y tape la sartén rápidamente
para que las semillas no salten. Retire la sartén del fuego
y deje reposar las semillas durante 1-2 minutos; después
agregue la salsa tamari restante, el aceite, la salsa de pescado
(si va a utilizarla) y el vinagre.

Añada la mezcla de sésamo a la ensalada. Quítele la piel
al salmón y desmenúcelo. Añádalo a la ensalada junto con
las hierbas troceadas y sírvala inmediatamente.

Para preparar la ensalada asiática con tofu, corte 250 g de
tofu duro en rodajas de 5 mm. Mezcle 2 cucharadas de salsa
de soja, 1 cucharada de salsa de chile dulce y 1 cucharadita de
aceite de sésamo y marine el tofu durante 1 hora. Prepare la
ensalada igual pero sin el salmón. Cuando esté lista, fría en una
sartén antiadherente el tofu durante 2-3 minutos por cada lado.
Sírvalo sobre la ensalada junto con el marinado restante.

ensalada de chorizo, pimiento y orégano

2-4 raciones
tiempo de preparación
15 minutos
tiempo de cocción **15 minutos**

1 **cebolla roja**
2 **pimientos rojos**
2 **pimientos amarillos**
200 g de **chorizo**
1 cucharada de **aceite de oliva**
2 cucharadas de **vinagre**
de jerez
½ ramita de **orégano**, picado
toscamente
75 g de **roqueta**
sal y **pimienta**
salsa romesco (*véase* derecha),
para servir

Pique la cebolla en dados. Quite el pedúnculo y las semillas a los pimientos y corte su pulpa en cuadrados de unos 2 cm. Corte el chorizo en rodajas.

Caliente el aceite en una sartén grande a fuego fuerte y fría los pimientos durante 2-3 minutos, hasta que empiecen a cambiar de color. Añada el chorizo y fríalo durante 3 minutos más. A continuación, baje el fuego y agregue la cebolla. Continúe la cocción otros 3 minutos. Desglase la sartén con el vinagre de jerez y deje que se reduzca durante 1 minuto.

Ponga el contenido de la sartén en una ensaladera grande y deje que se enfríe un poco; a continuación, agregue el orégano y la roqueta y remueva. Sazone la ensalada con sal y pimienta y sírvala con salsa romesco.

Para preparar la salsa romesco, remoje 1 ñora seca en agua durante 1 hora y escúrrala. Ponga 4 pimientos rojos marinados, la ñora, 2 tomates sin piel y sin semillas, 20 g de almendras tostadas escaldadas y 20 g de avellanas tostadas, 1 diente de ajo, 1 cucharada de vinagre de vino tinto y 1 cucharadita de pimentón ahumado dulce en un robot de cocina o en el vaso de una batidora y bátalo hasta obtener una salsa homogénea. Sazónela al gusto con sal y pimienta y sírvala con la ensalada.

ensalada de cuscús con pollo

4 raciones
tiempo de preparación
20 minutos, más tiempo
de marinado
tiempo de cocción **20 minutos**

4 **pechugas de pollo** sin huesos
ni piel, de unos 125 g cada una
300 g de **cuscús**
300 ml de **caldo de pollo**
caliente
1 **granada**
ralladura y **zumo** de 1 **naranja**
un puñadito de **cilantro**
un puñadito de **menta**

para el **marinado**
1 ½ cucharada de **pasta
de curry (tikka masala)**
5 cucharadas de **yogur natural**
1 cucharadita de **aceite de oliva**
2 cucharadas de **zumo de limón**

Prepare un marinado mezclando la pasta de curry, el yogur
y el aceite. Ponga el pollo en un plato no metálico, cúbralo
con la mitad del marinado y déjelo marinar durante al menos
1 hora.

Ponga el cuscús en un cuenco, añádale el caldo caliente,
tápelo y déjelo reposar durante 8 minutos.

Al mismo tiempo, corte la granada por la mitad y sáquele
los granos. Añádalos al cuscús junto con la ralladura
y el zumo de naranja.

Saque el pollo del marinado y póngalo en una bandeja para
el horno cubierta con papel de aluminio. Reserve el marinado.
Haga el pollo en el horno precalentado a 190 °C, o en el
5 si es de gas, durante 6-7 minutos, y a continuación métalo
en el grill precalentado y hágalo 2 minutos hasta que quede
caramelizado. Tápelo con papel de aluminio y déjelo reposar
durante 5 minutos.

Pique toscamente el cilantro y la menta (reserve algunas
hojas de cilantro enteras como decoración) y añada las
hierbas al cuscús. Corte el pollo en rodajas finas. Sirva
el cuscús en platos y añádale el pollo. Aclare el marinado
reservado con el zumo de limón y viértalo por encima
del cuscús. Decore la ensalada con las hojas de cilantro
que había reservado y sírvalo inmediatamente.

Para preparar una vinagreta de granada, otro aliño para
esta ensalada, bata 150 ml de zumo de granada, 2 cucharadas
de melaza de granada (disponible en tiendas de productos
asiáticos y en algunos supermercados), 2 cucharadas
de vinagre de vino tinto y 3 cucharadas de aceite de oliva.

ensalada de calabaza, feta y piñones

4 raciones
tiempo de preparación
20 minutos
tiempo de cocción **unos**
25 minutos

500 g de **calabaza**
aceite de oliva
2 ramitas de **tomillo**,
  toscamente picadas
200 g de **brotes tiernos**
  de ensalada variados
50 g de **queso feta**
sal y **pimienta**
2 cucharadas de **piñones**
  tostados, para decorar

para el **aliño**
1 cucharadita de **mostaza**
  de Dijon
2 cucharadas de **vinagre**
  balsámico
4 cucharadas de **aceite de oliva**

Pele la calabaza y quítele las semillas; corte su pulpa
en dados de 2 cm y póngalos en una bandeja para el horno.
Vierta aceite de oliva y tomillo por encima y sazónelos con
sal y pimienta. Cueza la calabaza en el horno precalentado a
190 °C, o en el 5 si es de gas, durante 25 minutos o hasta que
esté hecha. Saque la calabaza del horno y deje que se enfríe.

Al mismo tiempo, prepare el aliño. Bata la mostaza, el aceite
y el vinagre y resérvelo.

Ponga los brotes variados en una ensaladera grande, añada
la calabaza y el queso feta desmenuzado. Vierta el aliño por
encima y remuévalo cuidadosamente para mezclarlo todo
bien. Divida la mezcla en platos, decore con piñones tostados
y sirva la ensalada inmediatamente.

Para preparar la ensalada de pasta con calabaza
asada, beicon y salvia, haga la calabaza tal como se indica
en la receta, pero utilizando 2 ramitas de salvia en lugar
de tomillo. Cueza 250 g de macarrones hasta que estén
blandos, escúrralos y refrésquelos con agua fría. Corte
250 g de beicon en rodajas finas y saltéelo hasta que esté
dorado. Añada 10 hojas de salvia a la sartén y déjelo freír
hasta que estén crujientes. Sáquelas de la sartén y retíreles
el exceso de grasa con papel de cocina. Mezcle todos
los ingredientes en una ensaladera grande, añada 100 g
de brotes tiernos de ensalada variados, 60 g de queso
feta y sazone con sal y pimienta. Vierta aceite de oliva
por encima y sirva la ensalada.

ensalada de verduras asadas con vinagre balsámico

4 raciones
tiempo de preparación
20 minutos
tiempo de cocción **30 minutos**

1 **cebolla roja**,
  toscamente picada
4 **zanahorias**,
  toscamente picadas
1 **pimiento rojo**, sin pedúnculo
  ni semillas y cortado en trozos
  grandes
1 **boniato**, pelado y cortado
  en trozos iguales
400 g de **calabacines**, pelados
  y cortados en trozos iguales
1 **calabaza de sidra**, de 1 kg
  pelada, sin semillas y cortada
  en trozos
2 cucharadas de **aceite de oliva**,
  más aceite adicional
150 ml de **vinagre balsámico**
1 cucharada de **tomillo** picado
1 cucharada de **romero** picado
75 g de **roqueta**
sal y **pimienta**

Ponga todas las verduras en una bandeja para el horno, empápelas bien con aceite y vinagre balsámico y añada las hierbas. Sazónelas al gusto con sal y pimienta y hágalas en el horno precalentado a 190 °C, o en el 5 si es de gas, durante 30 minutos, hasta que estén hechas y ligeramente crujientes.

Saque las verduras del horno, deje que se enfríen; agregue la roqueta y remueva. Eche aceite de oliva por encima, compruebe que estén a su gusto de sal y pimienta y sírvalas.

Para preparar la ensalada de verduras y costillar de cordero con corteza de hierbas, ponga 100 g de mantequilla, 100 g de pan rallado, 2 cucharadas de tomillo picado, 2 cucharadas de romero picado, 50 g de perejil picado, 2 dientes de ajo machacados y 50 g de queso parmesano rallado en un robot de cocina o en el vaso de la batidora. Sazónelo todo al gusto con sal y pimienta y bata la mezcla hasta obtener una pasta homogénea. Saque la mantequilla especiada del robot de cocina, échela sobre 2 trozos de papel parafinado y aplástela con el rodillo hasta que tenga 5 mm de grosor. Meta la mantequilla en la nevera para que se enfríe. Caliente 1 cucharada de aceite vegetal en una sartén grande a fuego fuerte y marque 2 costillares de cordero con 4 costillas cada uno hasta que estén dorados. Meta el cordero en el horno precalentado a 190 °C, o en el 5 si es de gas, durante 12 minutos o hasta que esté hecho. Saque el cordero del horno y corte un trozo de mantequilla del tamaño de cada costillar para colocárselo encima. Haga ambos costillares en el grill precalentado hasta que estén dorados. Déjelos reposar durante 5 minutos, córtelos y sírvalos con la ensalada de verduras.

ensalada de salmón ahumado con patatas

4 raciones
tiempo de preparación
15 minutos
tiempo de cocción **20 minutos**

600 g de **patatas nuevas**
2 cucharadas de **alcaparras**
   pequeñas
3 cucharadas de **mayonesa**
   (*véase* pág. 12)
2 cucharadas de **zumo de limón**
1 cucharadita de **rábano picante**
   rallado
150 g de **salmón ahumado**
una cajita de **hojas de mostaza**
   y **berros**, limpias
sal y **pimienta**

Ponga las patatas en una cacerola llena de agua fría con sal, llévela a ebullición y cuézalas durante 15-20 minutos o hasta que estén hechas. Escurra las patatas y deje que se enfríen un poco.

Al mismo tiempo, pique las alcaparras y mézclelas con la mayonesa, el zumo de limón y el rábano picante. Sazónelo todo al gusto con sal y pimienta. Ponga las patatas calientes en una ensaladera grande, agregue el aliño de mayonesa y remueva para mezclarlo bien.

Disponga el salmón en 4 platos, coloque las patatas encima y decore con hojas de mostaza y berros.

Para preparar la ensalada de patata con rosbif y mostaza a la antigua, marque un trozo de solomillo de 450 g hasta que esté dorado; a continuación introdúzcalo al horno precalentado a 180 °C, o en el 4 si es de gas, durante 15 minutos o hasta que esté medio hecho. Sáquelo del horno, tápelo con papel de aluminio y déjelo reposar. Mezcle 50 ml de mayonesa, 2 cucharadas de mostaza a la antigua, 1 cucharadita de mostaza de Dijon y 5 cebolletas en rodajas finas. Vierta este aliño sobre 600 g de patatas nuevas y remueva para mezclarlo bien. Corte la ternera en tajadas finas y sírvala con la ensalada de patata a la mostaza.

ensalada de espárragos y roqueta

4 raciones
tiempo de preparación
15 minutos
tiempo de cocción
unos 5 minutos

3 cucharadas de **aceite de oliva** (opcional)
500 g de **espárragos**
125 ml de **aliño de estragón y limón** (*véase* pág. 14)
125 g de **roqueta**
2 **cebolletas**, en rodajas finas
4 **rábanos**, en rodajas finas
sal y **pimienta**

para la **decoración**
hierbas, como **estragón**, **perejil**, **perifollo** y **eneldo**, toscamente picadas
tiras finas de **ralladura de limón**

Caliente el aceite (si lo va a utilizar) en una sartén grande antiadherente y añádale los espárragos en una única capa. Hágalos durante 5 minutos; deles la vuelta de vez en cuando. Deberían quedar tiernos al atravesarlos con la punta de un cuchillo afilado y tener algunas motitas marrones. Sáquelos de la sartén, póngalos en un plato llano y écheles sal y pimienta por encima. Cúbralos con el aliño de estragón y limón, revuélvalos y déjelos reposar 5 minutos.

Coloque la roqueta en un plato para servir. Ponga las cebolletas y los rábanos sobre la roqueta. Coloque los espárragos en un montón en medio de la roqueta. Decore con hierbas y ralladura de limón. Sirva la ensalada como entrante con pan o como acompañamiento de un plato principal.

Para preparar la ensalada de espárragos asados con beicon, retire los extremos duros de un puñado de espárragos de unos 500 g. Envuelva cada punta de espárrago en una loncha de beicon; asegúrese de que el beicon cubra la base de cada uno de los espárragos. Distribuya los espárragos formando una única capa sobre una bandeja del horno y métalos en el grill precalentado durante 5-7 minutos; deles la vuelta de vez en cuando hasta que estén hechos y dorados. Sirva los espárragos con la ensalada de roqueta como se indica en la receta y vierta por encima el aliño de estragón y limón.

ensalada de verduras a la parrilla y queso halloumi

4 raciones
tiempo de preparación
15 minutos
tiempo de cocción **25 minutos**

12 **tomates cherry de rama**
4 **setas portobello**
aceite de oliva
2 **calabacines**
200 g de **espárragos**
250 g de **queso halloumi**
sal y **pimienta**

para el **aliño**
2 cucharadas de **aceite de oliva**
2 cucharadas de **vinagre balsámico**

Ponga los tomates y las setas en una bandeja para el horno, vierta unas 2 cucharadas de aceite por encima, sazónelos al gusto con sal y pimienta y cuézalos en el horno precalentado a 180 °C, o en el 4 si es de gas, durante 10 minutos.

Al mismo tiempo, corte los calabacines en bastoncitos de 4 × 2 cm aproximadamente y póngalos en un cuenco grande con los espárragos limpios. Vierta encima aceite de oliva y una pizca de sal y pimienta. Caliente una plancha a fuego fuerte y haga los espárragos y los calabacines. Introduzca los espárragos y los calabacines al horno junto con el resto de verduras y cocínelos durante 6-8 minutos más.

Corte el queso halloumi en rodajas de 5 mm. Caliente 1 cucharadita de aceite de oliva en una sartén grande a fuego medio y fría las rodajas de queso hasta que estén doradas.

Prepare el aliño batiendo el aceite y el vinagre. Coloque las verduras en platos para servir, ponga sobre ellas las rodajas de queso, vierta el aliño y sirva la ensalada.

Para preparar la ensalada de sandía con queso halloumi, corte 250 g de queso halloumi en rodajas finas. Caliente 1 cucharada de aceite de oliva en una sartén grande antiadherente y fría el queso hasta que esté crujiente y dorado. Retírele el exceso de aceite con papel de cocina. Quítele la piel y las pepitas a la mitad de la sandía y córtela en triangulitos. Mezcle la sandía con un puñadito de menta picada y la pulpa de 1 aguacate maduro cortada en daditos. Sirva la ensalada con el halloumi frito.

ensalada de setas asadas

2 raciones

tiempo de preparación
20 minutos

2 **setas portobello**,
de unos 150 g cada una
3 cucharadas de **aceite de oliva**
1 cucharada de **vinagre**
balsámico
60 g de **pan rallado** grueso
3 ramitas de **tomillo**, picado
20 g de **mezcla de roqueta**,
berros y **espinaca**
sal y **pimienta**

para el **aliño**
100 g de **queso de cabra suave**
2 cucharadas de **aceite de oliva**
2 cucharadas de **leche**

Ponga las setas en una bandeja para el horno y vierta por encima 1 cucharada de aceite de oliva y el vinagre balsámico. Cuézalas en el horno precalentado a 180 °C, o en el 4 si es de gas, durante 20 minutos.

Al mismo tiempo, distribuya el pan rallado sobre una bandeja para el horno con el tomillo. Vierta el aceite restante por encima y sazone con sal y pimienta. Introdúzcalo en el horno y hágalo durante 6-8 minutos, hasta que esté crujiente y dorado.

Prepare el aliño. Ponga el queso, el aceite y la leche en una cacerola pequeña y dele vueltas a fuego suave hasta que la mezcla quede líquida; añada más leche si está demasiado espesa.

Ponga los champiñones en platos para servir y cúbralos con pan rallado. Coloque unas cuantas hojas de ensalada variada al lado y vierta el aliño por encima.

Para preparar la ensalada de setas asadas y jamón serrano, ponga 4 rodajas de jamón serrano en una bandeja para el horno y cuézalo en el horno precalentado a 180 °C, o en el 4 si es de gas, durante 4-5 minutos, hasta que esté crujiente. Prepare las setas y el pan rallado tal como se indica en la receta y sirva el jamón crujiente con las setas y las hojas de ensalada.

ensalada de calamares, patatas e hinojo

4 raciones

tiempo de preparación
15 minutos, más tiempo
de enfriado

tiempo de cocción **30 minutos**

250 g de **patatas nuevas**
2 **bulbos de hinojo**
3 cucharadas de **aceite de oliva**
500 g de **calamares** preparados
100 g de **berros**, separados
en hojas
sal y **pimienta**

para el **aliño**
1 **chalota**, finamente picada
1 **chile rojo**, sin semillas y picado
ralladura y **zumo** de 1 **limón**
1 cucharada de **alcaparras**
picadas
1 cucharada de **menta** picada
2 cucharadas de **aceite de oliva**

Ponga las patatas en una cacerola de agua con sal, llévelas a ebullición y cuézalas durante 15-20 minutos o hasta que estén hechas. Escurra las patatas y deje que se enfríen.

Reservando las hojas para decorar, corte el hinojo en triángulos finos, dejando intacta la parte de la raíz para que éstos queden pegados. Ponga el hinojo en una bandeja para el horno, vierta por encima 1 cucharada de aceite, sazónelo con sal y pimienta e introdúzcalo en el horno precalentado a 190 °C, o en el 5 si es de gas, durante 15 minutos hasta que esté hecho y dorado.

Al mismo tiempo, corte las patatas por la mitad. Caliente 1 cucharada de aceite en una sartén y fría las patatas hasta que estén doradas y crujientes. Retíreles el exceso de grasa con papel de cocina y póngalas en una ensaladera grande.

Prepare el aliño. Mezcle todos los ingredientes en un cuenco.

Caliente el aceite restante en una sartén grande hasta que esté humeante y fría los calamares con cuidado durante 2-3 minutos. Añada los calamares a la ensaladera. Saque el hinojo del horno, deje que se enfríe un poco y agréguelo a la ensaladera. Vierta el aliño y mézclelo. Incorpore los berros, remueva la ensalada y sírvala inmediatamente.

Para preparar la ensalada de calamares y chile, mezcle 5 cucharadas de harina normal, 1 cucharada de chile en polvo y 1 cucharadita de sal. Enharine 500 g de trozos de calamar preparados en harina con chile en polvo y fríalos en aceite muy caliente durante 2 minutos, hasta que estén crujientes y dorados. Sírvalos con chile en rodajas, hojas de cilantro y menta frescos, cebolletas en rodajas y unos gajos de lima.

ensalada tibia de salmón ahumado con té

4 raciones

tiempo de preparación
   15 minutos, más tiempo
   de reposo

tiempo de cocción **10 minutos**

4 **filetes de salmón**,
   de unos 125 g cada uno

125 g de **tomates cherry**,
   cortados por la mitad

125 g de **roqueta**

para la **mezcla del ahumado**

8 cucharadas de **hojas de té
   de jazmín**

8 cucharadas de **azúcar moreno**

8 cucharadas de **arroz de grano
   largo**

para el **aliño**

1 **chalota**, picada finamente

1 **diente de ajo**, picado
   finamente

hojas de tomillo

1 cucharadita de **mostaza
   de Dijon**

2 cucharaditas de **vinagre
   de vino blanco**

4-5 cucharadas de **aceite
   de oliva**

sal y **pimienta**

Mezcle todos los ingredientes para el ahumado. Forre un wok con papel de aluminio de forma que sobresalga por los bordes, y ponga dentro la mezcla para el ahumado. Coloque encima una rejilla. Tape el wok con una tapa que se ajuste bien y caliéntelo durante 5 minutos o hasta que humee.

Al mismo tiempo, quítele las espinas al salmón con la ayuda de unas pinzas. Ponga los tomates y la roqueta en una ensaladera.

Quítele la tapa al wok y coloque sobre la rejilla los filetes de salmón con la piel hacia abajo. Tápelo y cuézalo a fuego fuerte durante 5 minutos. Retírelo y déjelo tapado 3 minutos más.

Prepare el aliño. Ponga la chalota y el ajo en un cuenco con las hojas de tomillo, la mostaza, el aceite, el vinagre y la sal y la pimienta. Bátalo bien para mezclarlo.

Desmenuce el salmón en la ensalada de tomate y roqueta, añada el aliño y remueva. Sirva la ensalada inmediatamente.

Para preparar la ensalada de salmón ahumado con té y fideos de trigo, prepare el salmón tal como se indica en la receta y resérvelo. Cueza 150 g de fideos de trigo durante 3 minutos o hasta que estén blandos. Escúrralos y refrésquelos en agua fría; vierta encima 1 cucharada de aceite de sésamo y la ralladura y el zumo de 1 lima. Añada un poco más de aceite si tienden a pegarse. Mezcle 100 ml de vinagre de vino blanco, 25 ml de agua y 3 cucharadas de azúcar blanquilla y caliente la mezcla a fuego suave hasta que el azúcar se haya disuelto. Deje que la mezcla se enfríe completamente. Corte ½ pepino en rodajas finas, añádale el líquido frío y déjelo en remojo durante 1 hora. Saque el pepino del líquido, mézclelo con los fideos y con 125 g de roqueta y sírvalo con el salmón.

ensalada de chorizo y huevos de codorniz

4 raciones
tiempo de preparación
   15 minutos
tiempo de cocción
   15-20 minutos

3 cucharadas de **aceite de oliva**

200 g de **chorizo poco picante**

1 **cebolla roja** pequeña, cortada en gajos

1 **diente de ajo**, picado

1 cucharadita de **pimentón ahumado**

1 cucharadita de **orégano seco**

8-12 **huevos de codorniz**

300 g de **brotes tiernos de espinaca**

1 cucharada de **vinagre de jerez envejecido**

1 cucharada de **alcaparras saladas** o alcaparras **en salmuera**

2 cucharadas de **cebollino** picado

Caliente 1 cucharada de aceite en una sartén grande a fuego medio-fuerte. Corte el chorizo en rodajas finas y fríalo durante 3 minutos, hasta que esté crujiente y dorado.

Añada la cebolla y el ajo a la sartén y continúe la cocción durante 2 minutos, hasta que la cebolla se ablande y adquiera color pero todavía no esté totalmente blanda. Añada el pimentón y el orégano y retire la sartén del fuego.

Lleve a ebullición una cacerola pequeña con agua. Abra un huevo de codorniz en un platito y póngalo con cuidado al agua hirviendo a fuego lento. Déjelo durante 1 minuto, sáquelo con una espumadera y póngalo sobre papel de cocina. Mantenga los huevos calientes mientras va escaldando el resto.

Lave y seque las hojas de espinaca y agréguelas rápidamente a la mezcla de chorizo junto con el aceite restante y el vinagre de jerez. Ponga le ensalada en platos para servir, añada unas cuantas alcaparras aclaradas y escurridas por encima y 2 o 3 huevos de codorniz. Eche el cebollino por encima de los huevos y sirva la ensalada inmediatamente.

Para preparar la ensalada de espinacas, chorizo y lentejas, cueza 200 g de lentejas de Puy durante el tiempo que indiquen las instrucciones del paquete; dele sabor al agua con 1 chile rojo cortado longitudinalmente, 2 dientes de ajo machacados y 1 cucharadita de comino. Escurra las lentejas y consérvelas calientes. Prepare la ensalada tal como se indica en la receta; mezcle las lentejas con el resto de ingredientes y aderécelas con 1 cucharada de aceite de oliva y 1 cucharada de vinagre de jerez. Sirva la ensalada con unos huevos de codorniz por encima.

arroz, legumbres,
cereales
y pasta

ensalada de arroz para sushi

2-3 raciones
tiempo de preparación
  20 minutos, más tiempo
  de enfriado
tiempo de cocción **30 minutos**

250 g de **arroz para sushi**
6 cucharadas de **vinagre de vino
  de arroz**
2 ½ cucharadas de **azúcar
  blanquilla**
5 g de **jengibre en vinagre**,
  picado
½ cucharada de **wasabi**
½ **pepino**
1 **aguacate**, de unos 175 g,
  pelado y cortado en daditos
250 g de **salmón sin piel**,
  cortado en trozos del tamaño
  de un bocado
8 **cebolletas**, en rodajas finas

para la **decoración**
3 cucharadas de **semillas
  de sésamo tostadas**

Cueza el arroz durante el tiempo que indiquen las instrucciones del paquete.

Al mismo tiempo, ponga el vinagre y el aceite en una cacerola pequeña y caliéntelo a fuego lento, sin dejar de remover, hasta que el azúcar se haya disuelto. Apague el fuego y añada el jengibre en vinagre picado y el wasabi. Deje que se enfríe. Abra el pepino por la mitad longitudinalmente y quítele las semillas con una cucharita. Corte la pulpa en rodajas finas y póngala en la mezcla de vinagre ya fría.

Cuando el arroz esté hecho, póngalo en un plato, cuele la mezcla de vinagre encima de él, reservando el pepino, remueva y deje que se enfríe.

Pase el arroz, ya frío, a una ensaladera grande y mézclelo cuidadosamente con el pepino, el salmón, el aguacate y las cebolletas. Ponga unas semillas de sésamo tostadas encima y sírvalo.

Para preparar la ensalada de arroz con atún a la brasa,

mezcle 2 cucharadas de salsa de soja con ¼ cucharadita de wasabi y pinte 300 g de lomo de atún con esta mezcla. Recubra el atún completamente con semillas de sésamo. Caliente 1 cucharada de aceite vegetal en una sartén grande a fuego fuerte y fría el atún durante 1-2 minutos por cada lado. Retire el atún del fuego y déjelo reposar. Prepare la ensalada tal como se indica en la receta, pero sin el salmón. Corte el atún en rodajas finas y sírvalo con la ensalada de arroz para sushi.

ensalada caliente de orzo

4 raciones
tiempo de preparación
15 minutos, más tiempo
de reposo
tiempo de cocción **12 minutos**

250 g de **pasta orzo**
o **malloreddus**
250 g de **guisantes**
descongelados
6 cucharadas de **aceite de oliva**
6 **cebolletas**, picadas
toscamente
2 **dientes de ajo**, machacados
8 **corazones de alcachofa**
marinados, en rodajas finas
4 cucharadas de **menta** picada
ralladura y **zumo** de ½ limón
sal y **pimienta**
ralladura de limón, para decorar

Cueza la pasta en una cacerola con agua con sal durante 6 minutos o el tiempo que indiquen las instrucciones del paquete. Añádale los guisantes descongelados y continúe la cocción durante 2-3 minutos, hasta que tanto los guisantes como la pasta estén hechos. Escúrralos bien.

Al mismo tiempo, caliente 2 cucharadas de aceite en una sartén y saltee las cebolletas y el ajo durante 1-2 minutos, hasta que se ablanden.

Añada las cebolletas y el ajo a la pasta junto con las alcachofas, la menta y el aceite restante. Remuévalo todo, sazónelo con sal y pimienta y déjelo reposar durante 10 minutos. Agregue el zumo de limón y sirva la ensalada aún caliente decorada con la ralladura de limón.

Para preparar la ensalada caliente de pasta con pollo al limón, pida en su pollería que le abran un pollo de unos 1,25 kg por la mitad o hágalo usted mismo atravesando la columna vertebral sin cortar la pechuga; aplaste el pollo a medida que lo va abriendo. Mezcle 3 cucharadas de aceite de oliva, 2 cucharadas de menta picada, 2 cucharadas de perejil picado, la ralladura y el zumo de 1 limón y sal y pimienta. Cubra el pollo con esta mezcla y déjelo marinar durante al menos 1 hora. Ponga el pollo, con el lado de la piel hacia arriba, en una bandeja para horno cubierta con papel de aluminio e introdúzcalo en el horno precalentado a 180 °C, o en el 4 si es de gas, durante 40 minutos, hasta que esté hecho. Deje reposar el pollo 5 minutos y a continuación córtelo en trozos del tamaño de un bocado, colóquelos sobre la ensalada de pasta preparada tal como se indica en la receta y sírvala con unos gajos de limón.

ensalada de orzo y cangrejo

4 raciones
tiempo de preparación
15 minutos
tiempo de cocción **20 minutos**

100 g de **pasta orzo**
400 g de **carne de cangrejo** cocida
200 g de **tomates cherry**
125 g de **roqueta**
ralladura y **zumo de 1 limón**
2 cucharadas de **perejil** picado
1 cucharadita de **alcaparras** pequeñas, aclaradas
2 cucharadas de **aceite de oliva**

para la **mayonesa al chile**
200 g de **mayonesa** (*véase* pág. 12)
1 **pimiento rojo** marinado
1 **chile rojo** alargado, picado toscamente
1 cucharadita de **zumo de limón**
sal y **pimienta**

Cueza el orzo en una cacerola grande con agua hirviendo durante el tiempo que indiquen las instrucciones del paquete. Deje que se enfríe y resérvelo.

Prepare la mayonesa de chile. Eche la mayonesa, el pimiento rojo y el chile rojo en un robot de cocina o en el vaso de una batidora y bátalo hasta que quede una salsa homogénea. Sazónela al gusto con sal y pimienta y zumo de limón.

Mezcle el cangrejo y el orzo en una ensaladera grande. Corte los tomates por la mitad y póngalos en la ensaladera con la roqueta, la ralladura de limón, el perejil y las alcaparras. Remuévalo todo con cuidado. Añada 2 cucharadas de zumo de limón y el aceite. Sazone al gusto la ensalada con sal y pimienta y sírvala con un poco de mayonesa de chile.

Para preparar una mayonesa de hierbas para servirla con la ensalada anterior, pique una mezcla de hierbas que incluya cebollino, perifollo, eneldo, perejil y menta, hasta conseguir en total 4 cucharadas de hierbas picadas. Mézclas con 200 ml de mayonesa, la ralladura de 1 limón y 1 cucharada de zumo de limón. Sazone la mayonesa al gusto con sal y pimienta y sírvala sobre la ensalada.

ensalada de lentejas y feta

2-4 raciones
tiempo de preparación
   15 minutos
tiempo de cocción **30 minutos**

250 g de **lentejas de Puy**
2 **zanahorias**, en dados finos
2 **tallos de apio**, en dados finos
100 g de **queso feta**
2 cucharadas de **perejil** picado

para el **aliño**
3 cucharadas de **vinagre de vino blanco**
2 cucharaditas de **mostaza de Dijon**
5 cucharadas de **aceite de oliva**
sal y **pimienta**

Ponga las lentejas en una cacerola, cúbralas con agua fría y añada una pizca de sal. Lleve el agua a ebullición y cuézalas durante 20-25 minutos, hasta que estén hechas pero no blandas. Escúrralas y refrésquelas en agua fría; después vuelva a escurrirlas y póngalas en una ensaladera grande.

Añada las zanahorias y el apio a la ensaladera. Desmenuce el queso feta por encima y agregue el perejil picado.

Prepare el aliño batiendo el vinagre, la mostaza y el aceite. Añada el aliño a la ensalada y remuévala para mezclarlo todo bien. Sazónela al gusto con sal y pimienta y sírvala inmediatamente.

Para preparar la ensalada de lentejas con huevo escalfado y espárragos, prepare las lentejas tal como se indica en la receta. Escalde unos 500 g de espárragos, sin los extremos duros, refrésquelos y resérvelos. Haga 250 g de panceta en lonchas en el grill precalentado hasta que quede crujiente. Corte la panceta y los espárragos en trozos de 3 cm; añádalos a las lentejas junto con 2 cucharadas de perejil picado y 5 cucharadas de aceite de oliva y sazónelo todo al gusto con sal y pimienta. Remuévalo todo con cuidado para mezclarlo todo bien y póngalo en platos para servir. Coloque un huevo escalfado sobre cada ensalada con 1 cucharada de salsa holandesa encima.

ensalada de cuscús al curry

4 raciones
tiempo de preparación
15 minutos

zumo de 1 **naranja**
2 cucharaditas de **pasta de curry suave**
200 g de **cuscús**
50 g de **pasas sultanas**
300 ml de **agua** hirviendo
250 g de **filetes de caballa ahumada**
1 **cebolla roja** pequeña, finamente picada
½ **pimiento rojo**, sin pedúnculo ni semillas y cortado en dados
2 **tomates**, picados
un puñadito de **cilantro**, finamente picado
pimienta

Ponga el zumo de naranja y la pasta de curry en un cuenco y mézclelo. Añada el cuscús, las pasas sultanas y un poco de pimienta, eche el agua hirviendo y remuévalo con un tenedor.

Al mismo tiempo, quítele la piel a los filetes de caballa y divida la carne en trozos grandes; retire todas las espinas que encuentre.

Añada la caballa, la cebolla, el pimiento rojo y los tomates al cuscús y mézclelo todo. Esparza por encima cilantro picado y sirva la ensalada en los platos inmediatamente.

Para preparar la ensalada de cuscús al curry con chuletas de cordero, mezcle 4 cucharadas de yogur natural con 1 cucharadita de salsa de curry suave. Marine 12 chuletas de cordero en esta mezcla. Prepare la ensalada de cuscús tal como se indica en la receta, pero sin la caballa. Caliente 2 cucharadas de aceite vegetal a fuego fuerte en una plancha grande y haga el cordero 3 minutos por cada lado, hasta que esté listo. Sirva el cordero con la ensalada de cuscús y decórelo con cilantro picado.

ensalada de judías, kabanos y pimiento

4 raciones
tiempo de preparación
10 minutos, más tiempo
de enfriado
tiempo de cocción **20 minutos**

3 **pimientos rojos**, cortados
por la mitad, sin pedúnculo
ni semillas
1 **chile rojo**, sin semillas
1 cucharada de **aceite de oliva**
1 **cebolla**, en juliana fina
75 g de **salchichas kabanos**,
en rodajas finas
2 latas de 400 g de **judías
blancas**, aclaradas y escurridas
1 cucharada de **vinagre
balsámico**
2 cucharadas de **cilantro** picado

Coloque los pimientos y el chile, con el lado de la piel
hacia arriba, en una bandeja de horno y hágalos en el grill
durante 10-12 minutos o hasta que se les oscurezca la
piel. A continuación, introdúzcalos en una bolsa de plástico,
doble la parte superior para cerrarla y deje que se enfríen.
Quíteles la piel y corte la pulpa en rodajas.

Al mismo tiempo, caliente el aceite en una sartén antiadherente
grande, ponga la cebolla y fríala durante 5-6 minutos, hasta
que se ablande. Añada la salchicha kabanos y fríala 1-2 minutos,
hasta que quede crujiente.

Ponga las judías en una ensaladera grande. Añada los
ingredientes restantes y mézclelos bien. Sirva la ensalada
con pan de nueces.

**Para preparar la ensalada de judías con pinchos de
ternera**, mezcle 1 cucharadita de chile seco, 2 cucharadas
de pasta de pimiento rojo dulce, 4 cucharadas de aceite de
oliva, 1 cebolla en juliana fina, 1 cucharadita de comino
molido y 1 cucharadita de cilantro molido. Marine 400 g
de ternera en tacos en esta mezcla durante al menos 1 hora
y, a continuación, ensarte los tacos en palillos metálicos o de
madera previamente humedecidos alternándolos con trozos
de cebolla y de pimiento rojo. Ase los pinchos en el grill
precalentado durante 4 minutos por cada lado hasta
que estén hechos. Prepare la ensalada tal como se indica
en la receta, pero sin la salchicha kabanos, y sírvala con
los pinchos de ternera.

ensalada de *orecchiette*, panceta y brécol

4 raciones
tiempo de preparación
15 minutos
tiempo de cocción **20 minutos**

250 g de **brécol**
300 g de pasta *orecchiette*
150 g de **panceta**
150 g de **tomates cherry**

para el **aliño**
4 cucharadas de **mayonesa**
(*véase* pág. 12)
2 cucharadas de **nata líquida**
2 ½ cucharadas de **salsa**
de tomate
2 cucharaditas de **salsa**
Worcestershire
3 gotas de **salsa Tabasco**
1 cucharadita de **salsa de limón**
sal y **pimienta**

Separe los cogollitos de brécol y córteles el tallo; resérvelo.

Mientras tanto, lleve a ebullición en una cacerola grande agua con sal y cueza la pasta durante 10 minutos o el tiempo que indiquen las instrucciones del paquete. Añada los tallos de brécol a la cacerola y cuézalos 2 minutos más. Agregue los cogollitos y cuézalos otro minuto. Escurra y refresque la pasta en agua fría. Póngala en una ensaladera grande.

Corte la panceta en rodajas y fríala durante 4 minutos, hasta que esté dorada y crujiente. Retírele el exceso de grasa con papel de cocina y deje que se enfríe antes de añadirla a la pasta. Corte los tomates cherry por la mitad y agréguelos a la pasta.

Prepare el aliño combinando todos los ingredientes. Sazónelo al gusto con sal y pimienta. Vierta el aliño sobre la pasta y el brécol y sirva la ensalada inmediatamente.

Para preparar una ensalada tibia de pasta con brécol y pollo, cueza la pasta y el brécol tal como se indica en la receta, pero no la refresque en agua fría. Desmenuce 2 pechugas de pollo hervidas y mezcle la carne con la pasta junto con 150 g de tomates cherry cortados por la mitad, 3 cucharadas de aceite de oliva, 1 chile rojo en rodajas y 60 g de queso parmesano rallado. Decore con un poco más de parmesano rallado y con 2 cucharadas de perejil picado y 2 cucharadas de albahaca picada.

ensalada de sardinas con lentejas

4 raciones
tiempo de preparación
15 minutos
tiempo de cocción **3 minutos**

100 g de **guisantes** congelados
2 latas de 120 g de **sardinas**
 sin piel ni espinas en salsa
 de tomate
410 g de **lentejas** de lata
5 cm de **pepino**
1 **cebolla roja** pequeña
un puñadito de **menta**,
 toscamente picada
ralladura y **zumo** de 1 **limón**
1 **lechuga romana**
pimienta

Cueza los guisantes en una cacerola con agua hirviendo durante 3 minutos. También puede hacerlos en el microondas 1 ½ minutos a máxima potencia.

Desmenuce las sardinas y póngalas en una ensaladera grande con su propia salsa. Aclare y escurra las lentejas, corte el pepino en daditos y pique la cebolla. Agregue las lentejas, los guisantes, el pepino y la cebolla a las sardinas. Incorpore la menta a la ensalada junto con la ralladura y el zumo de limón y un poco de pimienta y remueva.

Separe la lechuga en hojas y colóquelas sobre platos para servir. Sirva la ensalada de sardinas encima de las hojas.

Para preparar la ensalada de patatas, sardinas y lentejas,

machaque 200 g de patatas pequeñas hervidas con piel y póngalas en una bandeja para el horno con 200 g de tomates cherry. Vierta encima aceite de oliva, sal y pimienta y 3 ramitas de tomillo por encima. Hágalas en el horno precalentado a 190 °C, o en el 5 si es de gas, hasta que estén crujientes y doradas, y después deje que se enfríen un poco. Al mismo tiempo, mezcle 3 cucharadas de perejil picado, 1 diente de ajo machacado, la ralladura y el zumo de 1 limón y 3 cucharadas de aceite de oliva. Fría 4 filetes de sardina frescos en una sartén durante 2-3 minutos por cada lado o hasta que estén hechos. Mezcle los tomates y las patatas con 75 g de roqueta, sírvalos con los filetes de sardina y el aliño de hierbas.

ensalada de trigo sarraceno y salmón

4 raciones

tiempo de preparación
15 minutos

tiempo de cocción **20 minutos**

300 g de **trigo sarraceno**

250 g de **flores de brécol**

250 g de **tomates cherry**,
   cortados por la mitad

250 g de **salmón ahumado**

un puñadito de **perejil** picado

4 cucharadas de **eneldo** picado

sal y **pimienta**

para el **aliño**

zumo de 1 **limón**

3 cucharadas de **aceite de oliva**

Ponga el trigo sarraceno en una cacerola, cúbralo con agua fría y añádale una pizca de sal. Llévelo a ebullición y cuézalo durante 10-15 minutos, hasta que esté hecho pero todavía esté duro. Escúrralo bajo el agua fría y retire la espuma que se acumule. Vuelva a escurrirlo una vez que esté frío.

Lleve a ebullición una cacerola grande agua con sal y escalde las flores de brécol durante 2-3 minutos. Refrésquelas en agua fría y escúrralas.

Mezcle los tomates cherry con el trigo sarraceno y el brécol en una ensaladera grande. Corte el salmón ahumado en tiras y añádalo a la ensaladera junto con el perejil y la mitad del eneldo.

Prepare el aliño batiendo el zumo de limón y el aceite. Vierta el aliño por encima de la ensalada, remueva para mezclarlo todo bien y sazone al gusto con sal y pimienta. Sirva la ensalada inmediatamente, decorada con el eneldo restante.

Para preparar la ensalada de salmón ahumado y verduras, escalde y refresque 400 g de verduras variadas, incluidos guisantes dulces, tirabeques, espárragos, judías verdes y guisantes. Ponga las verduras en una ensaladera y añada 250 g de salmón ahumado, 1 cebolla roja finamente picada, 2 cucharadas de perejil picado, 60 g de berros y 2 cucharadas de aceite de oliva. Sazónelo al gusto con sal y pimienta y mézclelo todo un poco. En un cuenco, prepare un aliño de limón y nata agria batiendo 4 cucharadas de nata agria, la ralladura y el zumo de 1 limón, 2 cucharadas de eneldo picado, 2 cucharadas de aceite de oliva y sal y pimienta. Vierta el aliño por encima de la ensalada y sírvala.

ensalada de judías blancas, queso feta y pimiento

4 raciones

tiempo de preparación
15 minutos, más tiempo
de enfriado
tiempo de cocción
10-15 minutos

2 **pimientos rojos**, cortados
por la mitad, sin pedúnculo
ni pepitas
4 cucharadas de **aceite de oliva**
2 cucharadas de **vinagre
balsámico** o **vinagre de vino
tinto**
3 cucharadas de **pasta
de tomates secos**
4 cucharadas de **alcaparras**
2 latas de 410 g de **judías
blancas** o **alubias**
y **garbanzos**
½ **cebolla roja**, finamente picada
4 **ramas de apio**, en rodajas
125 g de **queso feta**
1 **lechuga romana**
sal y **pimienta**

Ponga los pimientos, con el lado de la piel hacia arriba, sobre una rejilla del horno cubierta con papel de aluminio. Píntelos con un poco de aceite y cuézalos en el grill precalentado durante 10-12 minutos o hasta que se hayan ablandado y tengan la piel negra. Introduzca los pimientos en una bolsa de plástico, doble la parte superior para cerrarla y deje que se enfríen.

Al mismo tiempo, prepare el aliño mezclando el aceite restante con el vinagre, la pasta de tomates y las alcaparras picadas. Sazónelo al gusto con sal y pimienta.

Aclare y escurra las judías o los garbanzos. Mézclelos con el aliño, la cebolla y el apio.

Quite la piel a los pimientos y corte la pulpa en tiras. Añádalas a las judías y remueva la mezcla. Desmenuce el queso feta por encima y sirva la ensalada sobre un lecho de hojas de lechuga.

Para preparar la ensalada de judías blancas, queso feta y chorizo, prepare la ensalada tal como se indica en la receta. Corte 3 chorizos en rodajas y fríalos a fuego fuerte en una sartén grande antiadherente hasta que estén crujientes y dorados. Retírelos de la sartén y elimine el exceso de grasa con papel de cocina, reservando el aceite de la sartén. Ponga en la sartén 1 cebolla roja picada finamente y hágala 2 minutos a fuego suave. Desglase la sartén con 3 cucharadas de vinagre. Ponga la cebolla y el vinagre sobre la ensalada y remueva para mezclarlo todo bien. Decore la ensalada con 125 g de queso feta desmenuzado y sírvala inmediatamente.

ensalada de lentejas de puy con salsa verde

4 raciones
tiempo de preparación
15 minutos
tiempo de cocción **45 minutos**

1 cucharadita de **aceite de oliva**
1 **cebolla** pequeña, finamente
  picada
300 g de **lentejas de Puy**
450 ml de **caldo vegetal**
200 g de **tomates cherry**,
  picados
un puñado de **cebolletas**,
  en rodajas finas

para la **salsa verde**
4 cucharadas de **hierbas
  variadas**, como **perejil**,
  cilantro y **cebollino**
1 cucharada de **alcaparras**,
  escurridas
2 **filetes de anchoa** (opcional)
1 cucharada de **aceite de oliva**
ralladura y **zumo** de 1 **lima**

Caliente el aceite en una cacerola y fría la cebolla durante 2-3 minutos, hasta que empiece a ablandarse.

Añada las lentejas y el caldo, lleve a ebullición y, a continuación, tape la cacerola y déjelo cocer todo a fuego suave durante 30-40 minutos, hasta que las lentejas estén tiernas y hayan absorbido el caldo. Añada los tomates y las cebolletas a las lentejas. Remueva para mezclarlo todo bien.

Al mismo tiempo, prepare la salsa poniendo las hierbas, las alcaparras, las anchoas, el aceite y la ralladura y el zumo de lima en un robot de cocina y bátalo todo durante unos segundos, hasta que se haya mezclado pero la mezcla no esté del todo homogénea.

Vierta la salsa sobre las lentejas calientes y remueva para mezclarla. Sirva la ensalada con pan chapata tostado o pan de levadura.

Para preparar la ensalada de lentejas con koftas de cordero, haga la ensalada de lentejas tal como se indica en la receta, pero con un aliño de una mezcla de 3 cucharadas de aceite de oliva y 2 cucharadas de menta picada. Mezcle 400 g de carne de cordero molida con 1 cucharadita de copos de chile y 1 cebolla roja picada finamente. Pique un puñadito de menta y añádalo a la mezcla con 1 ½ cucharadas de comino molido. Sazónelo al gusto con sal y pimienta. Tome un puñado de la mezcla y ensártelo en un palillo metálico o de madera previamente humedecido. Repita esta operación hasta acabar la mezcla. Cocine los pinchos en una barbacoa o en el grill precalentado a fuego medio durante 6 minutos o hasta que estén hechos. Sirva las koftas con la ensalada de lentejas y 1 cucharada de yogur griego.

ensalada de lazos y tomates al pesto

4-6 raciones
tiempo de preparación
10 minutos
tiempo de cocción **20 minutos**

400 g de **lazos**
5 cucharadas de **pesto
de albahaca** (*véase* derecha)
100 g de **roqueta**
120 de **tomates secos**
un puñadito de **hojas
de albahaca**
60 g de **queso parmesano**
rallado
sal y **pimienta**

Cueza la pasta en una cacerola grande con agua con sal durante 10 minutos, o el tiempo que indiquen las instrucciones del paquete, hasta que esté blanda. Refrésquela bajo el chorro de agua fría, escúrrala y póngala en una ensaladera grande. Mézclela bien con el pesto y añádale la roqueta.

Escurra los tomates y añádalos a la pasta con las hojas de albahaca y 40 g de parmesano rallado. Sazone con sal y pimienta y sirva la ensalada con el parmesano restante por encima.

Para preparar un pesto de albahaca para acompañar a la ensalada, tome un puñado grande de albahaca y póngalo en el robot de cocina o en el vaso de la batidora junto con 3 cucharadas de piñones tostados, 1 diente de ajo pequeño picado y 40 g de queso parmesano picado. Bata la mezcla hasta que quede homogénea y añádale 4-5 cucharadas de aceite de oliva para obtener una pasta sin grumos. Cubra el pesto con una capa de aceite de oliva y consérvelo en la nevera durante un máximo de siete días.

ensalada de arroz salvaje y pavo

4 raciones

tiempo de preparación
10 minutos, más tiempo
de enfriado
tiempo de cocción **30 minutos**

300 g de **arroz salvaje**

2 **manzanas verdes**, en rodajas
finas

75 g de **nueces pacanas**

ralladura y **zumo** de 2 **naranjas**

60 g de **arándanos**

3 cucharadas de **aceite de oliva**

2 cucharadas de **perejil** picado

4 **filetes de pavo**, de unos
125 g cada uno

sal y **pimienta**

Cueza el arroz el tiempo indicado en las instrucciones del paquete y deje que se enfríe.

Mezcle las manzanas con el arroz y las nueces pacanas, la ralladura y el zumo de naranja y los arándanos. Sazónelo todo al gusto con sal y pimienta.

Mezcle el aceite y el perejil. Corte los filetes de pavo por la mitad o en tercios longitudinalmente y cúbralos con esta mezcla. Caliente una sartén pero sin que llegue a humear y haga el pavo 2 minutos por cada lado. Corte el pavo, disponga los trozos al lado de la ensalada de arroz y sírvala inmediatamente.

Para preparar la ensalada de chuletas de cerdo cítricas con arroz salvaje, mezcle la ralladura y el zumo de 1 naranja, 2 cucharadas de mermelada de naranja, 1 cucharada de salsa de soja y 1 cucharada de salsa de chile dulce. Caliente una sartén grande a fuego fuerte y marque 4 chuletas de cerdo, de unos 175 g cada una, 2 minutos por cada lado. Ponga las chuletas en una bandeja para el horno con papel de aluminio y cúbralas con el marinado. Introdúzcalas en el horno precalentado a 180 °C, o en el 4 si es de gas, durante 10-15 minutos, hasta que estén hechas. Prepare la ensalada tal como se indica en la receta y sírvala con las chuletas de cerdo.

ensalada de pasta, cangrejo y roqueta

1 ración

tiempo de preparación
5 minutos, más tiempo
de enfriado
tiempo de cocción **10 minutos**

50 g de **pasta seca**, por ejemplo
rigatoni
ralladura y **zumo de ½ lima**
2 cucharadas de **nata agria**
85 g de **carne de cangrejo**
de lata, escurrida
8 **tomates cherry**, cortados
por la mitad
un puñado de **roqueta**

Cueza la pasta el tiempo indicado en las instrucciones
del paquete y deje que se enfríe.

Mezcle la ralladura y el zumo de lima, la nata agria y la carne
de cangrejo en un cuenco grande. Agregue la pasta enfriada
y mézclelo todo.

Añada los tomates y la roqueta, remueva a la ensalada
y sírvala.

Para preparar la ensalada de pasta con atún y chile,

cueza la pasta tal como se indica en la receta. Escurra
una lata de 140 g de atún y mézclelo con la pasta cocida.
Quite las semillas a 1 chile rojo y píquelo finamente.
A continuación, añádalo a la pasta junto con la ralladura
y el zumo de 1 limón, 2 cucharadas de perejil picado,
un puñado de roqueta y 2 cucharadas de aceite de oliva.
Sazone la ensalada al gusto con sal y pimienta y sírvala.

ensalada de lentejas de puy, salmón y eneldo

4 raciones
tiempo de preparación
  30 minutos, más tiempo
  de enfriado y refrigerado
tiempo de cocción
  35-40 minutos

500 g de **salmón fresco**
2 cucharadas de **vino blanco
  seco**
4 **pimientos rojos**, cortados
  por la mitad y sin semillas
175 g de **lentejas de Puy**
un puñado grande de **eneldo**,
  picado
1 manojo de **cebolletas**,
  finamente picadas
zumo de limón
pimienta

para el **aliño**
2 **chiles verdes**, sin semillas
  y picados
un puñado grande de **perejil**
  picado
un puñado grande de **eneldo**
  picado
2 **dientes de ajo**
1 cucharadita de **mostaza
  de Dijon**
8 cucharadas de **zumo de limón**
1 cucharada de **aceite de oliva**

Ponga el salmón sobre papel de aluminio y vierta el vino por encima. Doble el papel de aluminio en la parte superior para cerrarlo. Colóquelo en una bandeja e introdúzcalo en el horno precalentado a 200 °C, o en el 6 si es de gas, de 15 a 20 minutos. Deje que se enfríe, desmenúcelo, tápelo y refrigérelo.

Hornee los pimientos y quíteles la piel siguiendo las instrucciones de la página 174. Reserve su jugo.

Prepare el aliño. Bata los chiles, el perejil, el eneldo, el ajo, la mostaza y el zumo de limón en un robot de cocina hasta obtener una mezcla homogénea; y añada aceite hasta espesar.

Ponga las lentejas en una cacerola con mucha agua, lleve a ebullición y cuézalas a fuego lento durante 15-20 minutos; no deben quedar blandas. Escúrralas y póngalas en un cuenco junto con los pimientos rojos y su jugo. Añada el eneldo y algunas cebolletas. Sazónelas con pimienta al gusto.

Agregue el aliño a las lentejas calientes y déjelas reposar para que se mezclen los sabores. Para servir la ensalada, agregue el salmón desmenuzado y remueva. Añada un poco de zumo de limón y las cebolletas restantes.

Para preparar la ensalada de salmón con patatas machacadas, cueza 400 g de patatas nuevas durante 15-20 minutos. Escúrralas, déjelas enfriar ligeramente, y macháquelas. Agregue 4 cucharadas de aceite de oliva, 2 cucharadas de alcaparras pequeñas, 1 puñado de cebolletas en rodajas y sal y pimienta. Prepare el salmón tal como se indica en la receta, desmenúcelo y añádalo a las patatas. Añada un puñado de eneldo picado y 100 g de berros. Sirva la ensalada con limón y aceite de oliva.

ensalada de bulgur

4-6 raciones

tiempo de preparación
  15 minutos, más tiempo
  de remojo

150 g de **bulgur**
400 g de **tomates cherry**,
  cortados en dados
6 **cebolletas**, finamente picadas
1 puñado de **perejil** picado
un puñadito de **menta** picada
sal y **pimienta**

para el **aliño**
¼ cucharadita de **pimienta**
  de Jamaica
¼ cucharadita de **canela**
zumo de 1 limón
4 cucharadas de **aceite de oliva**

Ponga el bulgur en un cuenco y cúbralo con agua fría.
Déjelo reposar durante al menos 1 hora.

Mientras tanto, prepare el aliño mezclando la pimienta
de Jamaica, la canela, el zumo de limón y el aceite.

Cuele el bulgur con un colador fino y déjelo reposar durante
5 minutos; elimine tanta agua como sea posible. Agréguele
los tomates, las cebolletas, el perejil y la menta. Añada el aliño
y mézclelo bien. Sazónelo con sal y pimienta al gusto. Para
que los sabores sean más intensos puede dejar la ensalada
en la nevera durante unas horas.

**Para preparar la ensalada de bulgur con pargo
asado**, haga tres cortes diagonales al pargo por
cada lado. Mezcle 1 cucharadita de comino molido,
¼ cucharadita de cúrcuma, 1 cucharadita de jengibre
molido, 1 cucharadita de chile molido, la ralladura y
el zumo de 1 limón y 2 cucharadas de aceite de oliva.
Introduzca rodajas de limón en el pescado y restriéguelas
con la mezcla anterior. Cueza el pescado en el grill a fuego
suave durante 20-25 minutos, hasta que esté oscuro pero
todavía jugoso; dele la vuelta a la mitad de la cocción. Sirva
la ensalada de bulgur en una fuente grande, coloque encima
el pargo y sírvala.

ensalada de pasta con setas y ricotta

4-6 raciones

tiempo de preparación
20 minutos

tiempo de cocción **12 minutos**

250 g de **queso ricotta**
2 cucharadas de **perejil** picado
2 cucharadas de **romero** picado
2 cucharadas de **tomillo** picado
2 cucharadas de **albahaca**
   picada
75 g de **queso parmesano**,
   rallado finamente
400 g de **macarrones**
2 cucharadas de **aceite de oliva**
500 g de **setas variadas**,
   por ejemplo **champiñones**
   comunes y **setas portobello**
1 **diente de ajo**, machacado
sal y **pimienta**

Mezcle el queso ricotta con las hierbas y el parmesano en un cuenco pequeño y sazónelo al gusto con sal y pimienta.

Cueza la pasta en una cacerola grande con agua hirviendo durante 10 minutos o el tiempo que indiquen las instrucciones del paquete, hasta que la pasta esté blanda.

Mientras tanto, corte las setas. Caliente el aceite en una sartén grande a fuego fuerte y fría las setas durante 1 minuto. Añada el ajo machacado, sazónelas al gusto con sal y pimienta y fríalas 2 minutos más.

Escurra la pasta cocida, añádale las setas y remueva. Añada la mezcla de ricotta y mézclelo todo bien. Sirva la ensalada con más hierbas picadas y parmesano, si lo desea.

Para preparar la ensalada de pasta con panceta y setas, corte 200 g de panceta en tiras y fríala hasta que quede crujiente. Añádala a la pasta cocida y las setas. Agregue 100 g de brotes tiernos de espinada, mézclelo todo bien y sirva la ensalada.

ensalada de maíz, tomate y judías negras

4 raciones
tiempo de preparación
10 minutos
tiempo de cocción **10 minutos**

4 **mazorcas de maíz**, sin hojas
ni fibras
250 g de **tomates cherry**,
cortados por la mitad
400 g de **judías negras** de lata,
aclaradas y escurridas
1 **cebolla roja**, finamente picada
1 **aguacate**, sin piel ni hueso
y cortado en dados
un puñadito de **cilantro**,
toscamente picado

para el **aliño**
zumo de 1 **lima**
2 cucharadas de **aceite de colza**
2-3 gotas de **salsa Tabasco**

Cueza las mazorcas de maíz en agua hirviendo durante 7-10 minutos. Enfríelas un poco bajo el chorro de agua fría y a continuación separe los granos con la ayuda de un cuchillo. Ponga los granos en un cuenco grande junto con los tomates, las judías negras, la cebolla y el aguacate y añada el cilantro.

Prepare el aliño mezclando el zumo de lima, el aceite y el Tabasco.

Vierta el aliño por encima de la ensalada, remuévala para mezclarlo todo bien y sírvala inmediatamente.

Para preparar la ensalada de maíz y judías negras con gambas al chile, pique finamente 2 dientes de ajo y quite las semillas a 2 chiles rojos alargados antes de picarlos finamente. Caliente 1 ½ cucharadas de aceite vegetal en un wok o una sartén grande a fuego fuerte y haga 24 gambas peladas (pero conservando la cola) y abiertas por la mitad. Saltéelas durante 1 minuto y añada el ajo y los chiles. Siga friéndolas 2 minutos más, hasta que estén hechas. Apague el fuego y agregue 3 cucharadas de cilantro picado. Remueva. Sirva las gambas sobre la ensalada de maíz y judías negras y utilice un poco más de cilantro y unos gajos de lima para decorar.

ensalada de garbanzos y hierbas

4 raciones
tiempo de preparación
10 minutos
tiempo de cocción **10 minutos**

100 g de **bulgur**
4 cucharadas de **aceite de oliva**
1 cucharada de **zumo de limón**
2 cucharadas de **perejil** picado
1 cucharada de **menta** picada
400 g de **garbanzos** de lata,
   aclarados y escurridos
125 g de **tomates cherry**,
   cortados por la mitad
1 cucharada de **cebolla suave**
   picada
100 g de **pepino**
150 g de **queso feta**
sal y **pimienta**

Ponga el bulgur en un cuenco resistente al calor y cúbralo con agua hirviendo. Resérvelo hasta que se haya absorbido el agua. Si desea darle un acabado más esponjoso al bulgur, métalo en una vaporera durante 5 minutos. Extiéndalo sobre un plato para que se enfríe.

Mezcle el aceite de oliva, el zumo de limón, el perejil y la menta en una ensaladera grande. Sazone al gusto con sal y pimienta. Añada los garbanzos, los tomates, la cebolla y el bulgur.

Corte el pepino en dados y póngalo también en la ensaladera. Mézclelo todo bien y agregue el feta en dados; remueva con cuidado para no romper el queso. Sirva la ensalada inmediatamente.

Para preparar la ensalada de garbanzos y remolacha, mezcle en un cuenco grande 150 g de brotes tiernos de acelga con 400 g de garbanzos aclarados y escurridos, 200 g de remolacha precocida y cortada en dados. Corte una naranja por la mitad y haga ambas mitades en la plancha hasta que estén doradas. Exprima su zumo en un cuenco pequeño y añádale 1 cucharada de miel clara y 3 cucharadas de aceite de oliva. Bata este aliño, viértalo en la ensalada y desmenuce por encima 150 g de queso feta.

ensalada de garbanzos y tomates cherry

4 raciones

tiempo de preparación
   15 minutos, más tiempo
   de remojo y enfriado
tiempo de cocción
   1-1 hora y 30 minutos

250 g de **garbanzos secos**
400 g de **tomates cherry**,
   cortados por la mitad
4 **tallos de apio**, cortados
   en rodajas
4 **cebolletas**, cortadas
   en rodajas
50 g de **aceitunas Kalamata**
aliño de menta y **yogur**
   (*véase* pág. 15)
pimienta negra
hojas de menta, para decorar

Ponga los garbanzos en remojo toda la noche en agua fría. Escúrralos, aclárelos bien y vuelva a escurrirlos. Póngalos en una cacerola grande, cúbralos con mucha agua fría y lleve a ebullición. Cueza los garbanzos a fuego lento durante 1 hora o 1 hora y 30 minutos, o bien el tiempo que indiquen las instrucciones del paquete, hasta que estén hechos y blandos. Añada más agua si es necesario. Escúrralos y deje que se enfríen.

Ponga los tomates, el apio, las cebolletas, las aceitunas y los garbanzos en una ensaladera grande y mézclelo todo bien. Añada el aliño, sazone con sal y pimienta, decore con unas hojas de menta y sirva la ensalada.

Para preparar la ensalada de garbanzos con cordero en harissa, marine 12 costillas de cordero en 3 cucharadas de pasta de harissa mezcladas con 2 cucharadas de aceite de oliva. Deje el cordero marinando durante al menos 1 hora y, si es posible, durante toda la noche. Prepare la ensalada de garbanzos tal como se indica en la receta. Caliente una plancha grande y fría el cordero por tandas 2-3 minutos por cada lado hasta que esté hecho pero siga rosado por el centro. Retírelo del calor y déjelo reposar durante 5 minutos. Sírvalo con la ensalada, vierta el aliño de menta y yogur por encima y un poco de menta picada.

ensalada de risoni, boniatos y beicon

4-6 raciones
tiempo de preparación
   20 minutos
tiempo de cocción **30 minutos**

2 **boniatos grandes**, pelados
   y cortados en dados
2 cucharadas de **aceite de oliva**,
   más aceite adicional para echar
   por encima
200 g de **beicon ahumado**
250 g de **pasta risoni** u **orzo**
200 g de **guisantes congelados**
100 g de **queso feta**
un puñadito de **menta** picada
sal y **pimienta**

Ponga los boniatos en una bandeja para el horno grande
y vierta aceite de oliva y sal y pimienta por encima. Cuézalos
en el horno precalentado a 190 °C, o en el 5 si es de gas,
durante 20-25 minutos, hasta que estén hechos.

Corte el beicon en rodajas finas. Caliente una sartén grande
a fuego fuerte y fría el beicon 4 minutos, hasta que esté
crujiente y dorado. Retire el exceso de grasa con papel
de cocina y resérvelo.

Mientras tanto, cueza la pasta en una cacerola grande con
agua hirviendo durante 10 minutos o el tiempo que indiquen
las instrucciones del paquete. Añada los guisantes y cuézalos
2 minutos más y escúrralo todo.

Saque los boniatos del horno y mézclelos con la pasta
y los guisantes. Agregue el beicon y desmenuce el feta por
encima; reserve parte de ambos como decoración. Añada
2 cucharadas de aceite de oliva y la menta picada y remueva
para mezclarlo todo bien. Decore la ensalada con el beicon
y el feta que había reservado y sírvala.

Para preparar la ensalada de risoni con pollo cajún, vierta
aceite de oliva y 2 cucharadas de condimento cajún sobre
2 pechugas de pollo sin piel ni huesos. Caliente una sartén
y fría el pollo 5 minutos por cada lado, hasta que esté hecho.
Corte el pollo en tajadas finas y sírvalo con la ensalada
de risoni preparada tal como se indica en la receta.

ensaladas
de frutas

ensalada de frutos silvestres

4-6 raciones

tiempo de preparación
10 minutos

400 g de **fresas**
250 g de **frambuesas**
150 g de **arándanos**
150 g de **moras**
un puñadito de **menta**, finamente
  picada; reserve unas ramitas
  para decorar
3 cucharadas de **jarabe de saúco**

Quíteles el tallo a las fresas y córtelas por la mitad. Lave todos los frutos silvestres y séquelos bien.

Añada la menta picada y el jarabe de saúco a los frutos silvestres, mézclelos con cuidado y sírvalos; aproveche como decoración las ramitas de menta que había reservado.

Para preparar la ensalada caliente de frutos silvestres, diluya 100 ml de jarabe de saúco en 600 ml de agua, añada 50 g de azúcar blanquilla y llévelo todo a ebullición en una cacerola de base gruesa. Ponga a la cacerola 400 g de fresas, 250 g de frambuesas, 150 g de arándanos y 150 g de moras, preparados tal como se indica en la receta, y apague el fuego. Deje que los frutos silvestres se enfríen un poco y sírvalos con helado de vainilla. Los frutos silvestres se conservarán hasta 5 días en la nevera con el jarabe.

ensalada de frutas exóticas

6-8 raciones
tiempo de preparación
  10 minutos

1 **piña** grande madura,
  de aprox. 1,5 kg
1 **papaya**, de aprox. 400 g
3 **maracuyás**
zumo de 1 **lima**
ramitas de **menta**, para decorar

Pele la piña, quítele el centro y corte su pulpa en tiras. Haga lo mismo con la papaya; sáquele cuidadosamente las semillas con una cuchara. Ponga la piña y la papaya en un cuenco.

Corte los maracuyás por la mitad, ráspeles la pulpa y échela en el cuenco. Agregue el zumo de lima, mézclelo con cuidado y sirva la ensalada decorada con unas ramitas de menta.

Para preparar una piña a la plancha con azúcar de lima, pele una piña de 1,5 kg y córtela en cuartos; quítele el centro. Corte cada cuarto en cuatro trozos alargados y ensártelos en broquetas metálicas o de madera previamente humedecidas. Ponga la ralladura de 3 limas en un robot de cocina y añádale 150 g de azúcar granulado. Píquelo un poco y a continuación extienda el azúcar en una bandeja para el horno y deje que se seque durante al menos 1 hora. Caliente una plancha a fuego medio y haga la piña 2 minutos por cada lado, hasta que esté dorada y caramelizada. Añada el arroz de lima por encima y sírvala. Guarde el azúcar de lima que no haya utilizado en un recipiente hermético seco.

ensalada de cítricos

4-6 raciones
tiempo de preparación
  15-20 minutos, más tiempo
  de marinado
tiempo de cocción **5 minutos**

2 **naranjas**
2 **mandarinas satsuma**
2 **limas**
2 **naranjas sanguinas**
1 **pomelo rojo**
150 g de **azúcar blanquilla**
150 ml de **agua**

Quite la cáscara a las 2 naranjas y las 2 limas con un acanalador para frutas. Pele todas las frutas con un cuchillo, quitándoles también la parte blanca. Corte las naranjas y las mandarinas satsuma en rodajas, y las limas, las naranjas sanguinas y el pomelo, en gajos.

Reserve parte de la cáscara de naranja y lima como decoración y ponga el resto en una cacerola con el azúcar y el agua. Cuézalo a fuego lento, sin dejar de remover, hasta que el azúcar se haya disuelto. Vierta el almíbar sobre las frutas y déjelas reposar en la nevera durante al menos 1 hora antes de servirlas. Sirva la ensalada decorada con la cáscara de naranja y lima que había reservado.

Para preparar una salsa cítrica con Grand Marnier, para servirla con la ensalada de cítricos, mezcle 100 g de azúcar blanquilla, el zumo y la ralladura de 2 naranjas y 50 ml de agua en una cacerola pequeña de base gruesa. Lleve a ebullición, baje el fuego al mínimo y deje que el líquido se reduzca dos terceras partes hasta conseguir un almíbar. Una vez obtenida la consistencia deseada, añádale 50 ml de Grand Marnier. Vierta esta salsa sobre la ensalada de cítricos y sírvala.

ensalada de ruibarbo y fresas

4 raciones
tiempo de preparación
20 minutos
tiempo de cocción **20 minutos**

500 g de **ruibarbo**
125 g de **azúcar blanquilla**
150 ml de **agua**
1 **vaina de vainilla**
2 cucharaditas de **agua de rosas**
400 g de **fresas**

para **servir**
queso mascarpone o **yogur griego**
40 g de **pistachos**, toscamente picados

Corte el ruibarbo en trozos de 4 cm de longitud y póngalos en un plato llano no metálico resistente al horno.

Ponga el azúcar y el agua en una cacerola pequeña a fuego suave y remuévalo hasta que el azúcar se haya disuelto. Añádale la vaina de vainilla y el agua de rosas. Vierta el almíbar sobre el ruibarbo, tápelo con papel de aluminio e introdúzcalo en el horno precalentado a 180 °C, o en el 4 si es de gas, durante 12-15 minutos hasta que esté tierno.

Mientras tanto, quíteles el rabito a las fresas y córtelas por la mitad. Cuando el ruibarbo esté hecho, tire la vaina de vainilla y agregue las fresas, tápelo y déjelo reposar durante 5 minutos. Sirva la fruta en platos, vierta un poco del líquido de cocción por encima y añada 1 cucharada de queso mascarpone o yogur y unos cuantos pistazos picados.

Para preparar la ensalada de ruibarbo, manzana

y vieiras, haga 500 g de ruibarbo tal como se indica en la receta, pero añadiéndole sólo 75 g de azúcar. Corte la manzana en bastoncitos y mézclelas en un cuenco con el ruibarbo, 100 g de berros y 1 aguacate en rodajas. Caliente 1 cucharada de aceite vegetal en una sartén grande a fuego fuerte y fría 12 vieiras grandes 2 minutos por cada lado, hasta que estén hechas. Retírelas del fuego y manténgalas calientes. Sirva la ensalada con 1 cucharada de vinagre balsámico blanco, 2 cucharadas de aceite de oliva y sal y pimienta y las vieiras colocadas encima.

ensalada de frutas picantes

6 raciones
tiempo de preparación
15 minutos, más tiempo
de enfriado y refrigerado
tiempo de cocción **2 minutos**

1 **vaina de vainilla**, además
de las vainas adicionales
para decorar (opcional)
2 ½ cucharadas de **azúcar
blanquilla**
175 ml de **agua**
1 **chile rojo** picante
4 **clementinas**
2 **melocotones**
½ **melón cantaloupe**
175 g de **arándanos**

Utilice la punta de un cuchillo pequeño y afilado para abrir la vaina de vainilla longitudinalmente por el centro. Ponga el azúcar y el agua en una cacerola y caliéntelos a fuego suave hasta que el azúcar se haya disuelto. Corte por la mitad el chile, quítele las semillas y agréguelo a la cacerola junto con la vaina de vainilla. Caliéntelo a fuego suave durante 2 minutos, retire la cacerola del fuego y deje que el almíbar se enfríe un poco.

Pele las clementinas y córtelas. Quítele el hueso a los melocotones y córtelos. Quítele las semillas al melón, pélelo y córtelo en trozos.

Mezcle las frutas en una fuente y vierta por encima el almíbar caliente, después de haber retirado el chile y la vaina de vainilla. Deje que el almíbar se enfríe completamente, tape la ensalada de frutas y refrigérela hasta que vaya a servirla. Si lo desea, puede decorarla con una vaina de vainilla entera.

Para preparar un almíbar especiado para la ensalada de frutas, añada al almíbar 1 tallo de citronela cortado por la mitad y aplastado con un ablandador de carne, 3 hojas de lima kaffir y 2 cm de jengibre fresco pelado y cortado en rodajas. Añada estos ingredientes cuando agregue el chile y prepare el almíbar tal como se indica en la receta.

frutas escalfadas con galletas de jengibre

6-8 raciones
tiempo de preparación
15 minutos
tiempo de cocción **20 minutos**

250 g de **azúcar blanquilla**
2,5 l de **agua**
1 **vaina de vainilla**, además
de las vainas adicionales
para decorar (opcional)
4 **melocotones**
4 **nectarinas**
10 **albaricoques**

para **servir**
queso mascarpone
3 **galletas de jengibre**
machacadas

Ponga el azúcar, el agua y la vaina de vainilla en una cacerola grande de base gruesa y caliéntelo todo a fuego lento, sin dejar de remover, hasta que el azúcar se haya disuelto. Deje que hierva a fuego lento, añada las frutas y tápelas con un círculo de papel parafinado o papel de horno para mantener las frutas dentro del almíbar. Cuézalas a fuego lento durante 2 minutos y, a continuación, apague el fuego y deje que se enfríen.

Retire las frutas con una espumadera; reserve el líquido. Pele las frutas y córtelas por la mitad para quitarles el hueso.

Ponga 250 ml del líquido en una cacerola pequeña de base gruesa y caliéntelo para que se reduzca durante 6-8 minutos, hasta que adquiera consistencia de almíbar. Ponga las frutas en un cuenco grande, vierta el almíbar por encima y remueva. Sirva las frutas en platos, añada 1 cucharada de queso mascarpone a cada uno y espolvoree unas galletas machacadas por encima. Si lo desea, puede decorar el plato con una vaina de vainilla entera.

Para preparar cualquier plato de frutas con hueso con coulis de frambuesa, ponga 150 g de frambuesas congeladas y 40 g de azúcar blanquilla en una cacerola de base gruesa. Lleve a ebullición, sin dejar de remover, hasta que el azúcar se haya disuelto. Déjelo hervir a fuego lento durante 2-3 minutos, hasta que el coulis adquiera consistencia de almíbar. Retírelo del calor y cuélelo. Escalfe las frutas con hueso tal como se indica en la receta y sírvalas con el coulis de frambuesa y un poco de crema pastelera.

macedonia

6-8 raciones
tiempo de preparación
  15 minutos

½ **sandía**
½ **melón** Galia
1 **mango**
2 **manzanas verdes**
2 **plátanos**
3 **kiwis**
200 g de **fresas**
150 g de **arándanos**

Pele y quite las pepitas al melón y la sandía y córtelos en trozos de 2-3 cm. Póngalos en un cuenco grande. Pele el mango y córtelo en dados, igual que las manzanas, y corte los plátanos en rodajas. Agregue estas frutas al cuenco.

Pele el kiwi y córtelo en rodajas; añádalas al cuenco junto con los arándanos y mezcle todas las frutas con cuidado.

Para preparar la macedonia de frutas exóticas con crema de maracuyá, ponga en un cuenco 4 cucharadas de queso mascarpone, 200 ml de nata doble y 2 cucharadas de azúcar lustre tamizado y bata la mezcla al punto de nieve. Añada poco a poco la pulpa de 2 maracuyás. Sirva 1 cucharada de esta mezcla con la macedonia de frutas exóticas.

cerezas con crocante de canela

4-6 raciones
tiempo de preparación
15 minutos, más tiempo
de enfriado
tiempo de cocción **20 minutos**

1,5 kg de **cerezas** sin hueso
250 g de **azúcar blanquilla**
400 ml de **agua**
1 **vaina de vainilla**
2 **clavos**
tiras de **cáscara de naranja**,
para decorar

para el **crocante**
60 g de **pan de frutas**
15 g de **mantequilla sin sal**
1/8 cucharadita de **canela**
1 cucharada de **azúcar
blanquilla**

para la **crema de canela**
1 cucharada de **azúcar lustre**
150 ml de **nata montada**
¼ cucharadita de **canela**

Ponga las cerezas en un cuenco grande. Eche el azúcar en una cacerola de base gruesa y añada el agua, la vaina de vainilla, los clavos y la cáscara de naranja. Lleve a ebullición, removiendo de vez en cuando, y a continuación vierta el almíbar por encima de las cerezas. Deje que se enfríen.

Prepare el crocante. Corte el pan de frutas en dados de 1 cm. Funda la mantequilla y échela por encima del pan de frutas. Mezcle la canela y el azúcar y échelos por encima del pan de frutas. Mézclelo bien, páselo todo a una bandeja para el horno y cocínelo en el horno precalentado a 190 °C, o en el 5 si es de gas, durante 4-5 minutos, hasta que el pan quede crujiente y dorado. Saque el crocante del horno y deje que se enfríe.

Mientras tanto, prepare la crema de canela. Agregue el azúcar lustre a la nata, añada la canela y bátalo todo al punto de nieve.

Sirva las cerezas con un chorrito de almíbar, 1 cucharada de crema de canela y un poco de crocante de pan de frutas. Decore el plato con tiras de cáscara de naranja.

**Para preparar una salsa de chocolate y canela
para servirla con las cerezas**, caliente a fuego suave 100 g de chocolate negro en trozos (utilice chocolate con un 70 % de cacao), 15 g de mantequilla, 125 ml de nata y ½ cucharadita de canela molida en una cacerola pequeña de base gruesa. Remueva la salsa hasta que el chocolate se haya fundido y quede homogéneo y brillante. Apague el fuego y reserve. Prepare las cerezas tal como se indica en la receta y sírvalas con un poco de salsa de chocolate por encima.

ensalada de frutas invernales

4-6 raciones
tiempo de preparación
 5 minutos
tiempo de cocción **30 minutos**

100 g de **ciruelas** sin hueso
100 g de **melocotones secos**
100 g de **peras secas**
100 g de **manzanas secas**
100 g de **orejones**
50 g de **higos secos**
1 **rama de canela**
4 **clavos**
cáscara de 1 limón
50 g de **azúcar blanquilla**

para **servir**
yogur griego
miel clara

Ponga las ciruelas y las frutas secas, la rama de canela, los clavos, la cáscara de limón y el azúcar en una cacerola y cúbralos con agua fría. Caliéntelo a fuego medio y déjelo cocer a fuego lento durante 15 minutos, hasta que las frutas se inflen.

Retire la cacerola del fuego y cuele las frutas; reserve el líquido. Tire la ramita de canela. Vuelva a calentar el líquido 10 minutos, hasta que se haya reducido.

Vuelva a meter las frutas en el almíbar, deje que se calienten y sírvalas con un poco de yogur y un chorrito de miel.

Para preparar la ensalada de frutas invernales asadas, quítele el corazón a 3 peras y 3 manzanas, córtelas en cuartos y colóquelas en un plato resistente al horno. Corte 3 ciruelas por la mitad, quíteles el hueso y póngalas también en el plato junto con 50 g de higos secos, 50 g de arándanos congelados, una rama de canela y 4 clavos. Salpique las frutas con 50 g de mantequilla sin sal, y a continuación ponga 50 g de azúcar moreno suave por encima. Introdúzcalo en el horno precalentado a 180 °C, o en el 4 si es de gas, durante 20 minutos, hasta que las frutas estén tiernas. Sírvalas con yogur griego y miel.

ensalada de frutas con almíbar de citronela

4-6 raciones
tiempo de preparación
10 minutos, más tiempo
de enfriado
tiempo de cocción **10 minutos**

1 cm de **jengibre fresco**,
pelado y en rodajas
1 **tallo de citronela**, ligeramente
machacado
100 g de **azúcar blanquilla**
150 ml de **agua**
2 **papayas**, peladas y sin semillas
2 **mangos**, pelados y sin hueso
2 **guayabas**, peladas y sin hueso
10 **lichis**, pelados
2 cucharadas de **coco tostado**

Ponga el jengibre, la citronela, el azúcar y el agua en una cacerola pequeña de base gruesa y hiérvalo todo a fuego lento durante 5 minutos. Retírelo del fuego y deje que se enfríe.

Corte la papaya en tiras alargadas y póngalas en un cuenco. Corte los mangos y las guayabas en trocitos y añádalos a la papaya junto con los lichis. Añada 3 cucharadas del almíbar y remueva con cuidado.

Sirva la ensalada en platos y vierta un poco del almíbar restante y coco tostado por encima.

Para preparar el coco tostado que servirá como decoración para la ensalada de frutas, abra un coco, quítele el zumo y la cáscara exterior más dura. Pase un pelador por el borde roto del coco. Cuando tenga suficientes virutas, extiéndalas sobre una bandeja para el horno y tuéstelas en el horno precalentado a 200 °C, o en el 6 si es de gas, durante 3-4 minutos, hasta que estén doradas.

frutas a la brasa con sal de chile

6-8 raciones
tiempo de preparación
15 minutos
tiempo de cocción **10 minutos**

1 **mango** grande, pelado
y sin hueso
½ **piña**, pelada
2 **plátanos**
½ cucharadita de **chile seco**
machacado
1 cucharada de **sal marina**
o **sal marina de vainilla**

Corte el mango en pedazos de 2 cm y la piña en trocitos. Corte los plátanos en rodajas gruesas. Ensarte las frutas, alternándolas, en broquetas metálicas o de madera previamente humedecidas.

Mezcle el chile y la sal y reserve esta mezcla.

Precaliente una plancha a fuego medio y haga las broquetas por ambos lados durante 3 minutos, hasta que estén doradas y caramelizadas. Retire las broquetas del fuego, vierta la sal de chile por encima y sírvalas.

Para preparar sal marina de vainilla para acompañar a las broquetas de frutas a la brasa, rasque las semillas de 1 vaina de vainilla en un cuenco y añada 4 cucharadas de sal marina. Remueva para mezclarlo bien y déjelo en infusión durante al menos 2 minutos.

ensalada de papaya, lima y almendras

4 raciones
tiempo de preparación
15 minutos, más tiempo
de enfriado
tiempo de cocción **3-5 minutos**

3 **papayas** maduras, peladas
y sin semillas
2 **limas**
2 cucharaditas de **azúcar**
moreno claro
50 g de **almendras tostadas**
escaldadas
gajos de **lima**, para decorar

Corte las papayas en trozos alargados y póngalas
en un cuenco.

Ralle finamente la cáscara de las limas y, a continuación,
exprima una de las limas y reserve su zumo. Retire los restos
de cáscara y la parte blanca de la otra lima y corte su pulpa
sobre el cuenco de la papaya para aprovechar el zumo.
Agregue la cáscara rallada.

Vierta el zumo de lima y el azúcar en una cacerola pequeña
y caliéntelo a fuego lento hasta que el azúcar se haya disuelto.
Retírelo del fuego y deje que se enfríe.

Vierta el zumo de lima frío por encima de la fruta y remueva.
Añada las almendras tostadas y sirva la ensalada decorada
con gajos de lima.

**Para preparar la ensalada de papaya y lima con
escarcha de jengibre**, eche 1 l de cerveza de jengibre
en un recipiente de plástico rectangular. Agregue
3 cucharadas de menta picada, introduzca el recipiente
en el congelador y déjelo ahí durante al menos 4 horas.
Cuando el líquido se haya congelado, ráspelo con un
tenedor hasta conseguir un hielo esponjoso. Ponga este
hielo por encima de la ensalada de papaya y lima y sírvala
inmediatamente.

peras escalfadas al Marsala

6 raciones
tiempo de preparación
 10 minutos
tiempo de cocción **40 minutos**

300 ml de **vino de Marsala**
500 ml de **vino tinto**
200 g de **azúcar blanquilla**
2 cucharadas de **zumo de limón**
1 **rama de canela**
2 **anises estrellados**
6 **peras**
nata cuajada, para servir

Ponga el vino de Marsala, el vino tinto, el azúcar, el zumo de limón, la rama de canela y el anís estrellado en una cacerola de base gruesa y lleve a ebullición.

Pele las peras, sin quitarles el rabillo, métalas en la cacerola y cuézalas a fuego lento durante 20-25 minutos, dándoles la vuelta de vez en cuando, hasta que se ablanden. Saque las peras de la cacerola con una espumadera y deje que se enfríen.

Mientras tanto, vuelva a llevar el líquido a ebullición y déjelo reducir durante 10 minutos, hasta que adquiera consistencia de almíbar. Sirva las peras con el almíbar por encima y acompañadas con 1 cucharada de nata cuajada.

Para preparar peras asadas con salsa de toffee, corte 6 peras por la mitad y quíteles el centro. Ponga las peras en un plato resistente al horno y écheles 5 cucharadas de azúcar moreno y 1 cucharadita de extracto de vainilla por encima. Píntelas con 20 g de mantequilla sin sal. Ase las peras en el horno precalentado a 180 °C, o en el 4 si es de gas, durante 20 minutos, hasta que estén blandas y doradas. Mientras tanto, caliente 150 g de azúcar moreno, 125 ml de nata y 20 g de mantequilla sin sal en una cacerola de base gruesa, sin dejar de remover, hasta que el azúcar se haya disuelto. Déjelo cocer todo a fuego lento durante 2 minutos y, a continuación, eche la salsa por encima de las peras asadas y sírvalas con 1 cucharada de nata cuajada.

ensalada de melón y piña

4 raciones
tiempo de preparación
10 minutos, más tiempo
de reposo

½ **melón Cantaloupe**, pelado
y sin semillas
½ **piña** pequeña, pelada
ralladura de 1 lima
2 cucharaditas de **fructosa**
rodajas de lima, para decorar

Corte el melón y la piña en dados. Póngalos en un cuenco o en un recipiente de plástico.

Combine la ralladura de lima y la fructosa hasta obtener una mezcla homogénea. Viértala por encima de las frutas y remueva; en aproximadamente una hora la fructosa se habrá disuelto. Decore la ensalada con rodajas de lima y sírvala.

Para preparar un almíbar de lima y jengibre para servirlo con esta ensalada, ponga en una cacerola pequeña de base gruesa 150 g de azúcar blanquilla, 150 ml de agua, la ralladura y el zumo de 1 lima y 1 cm de jengibre fresco pelado y cortado en rodajas. Lleve esta mezcla a ebullición; remueva de vez en cuando para que el azúcar se disuelva. Cuando se haya disuelto por completo, retire el almíbar del calor, tápelo y refrigérelo. Añada el almíbar por encima de la ensalada unos 30 minutos antes de servirla para combinar los distintos sabores.

índice

agradecimientos

Directora ejecutiva: Nicola Hill
Editora en jefe: Charlotte Macey
Editora artística ejecutiva: Leigh Jones
Diseñadora: Jo Tapper
Fotógrafa: Lis Parsons
Economía doméstica: Sunil Vijayaker
Estilista de accesorios: Liz Hippisley

Fotografía especial: © Octopus Publishing Group
Limited/Lis Parsons

Otras fotografías: © Octopus Publishing Group Limited
55, 79, 101, 121, 139, 161, 173, 175, 179, 183, 185,
201, 231, 234; /Jeremy Hopley 39, 51; /Dave Jordan
159; /William Lingwood 59, 63, 89, 93, 96, 117, 127,
167, 203; /Peter Myers 45; /William Reavell 193;
/Garett Sambridge 151, 191, 217; /Phillip Webb 105.